厦门市文化和旅游局
厦门市闽南文化研究会 编

闽南非物质文化遗产丛书·第二辑

厦门霞城城隍庙
庙会信俗

高爱民
林高在

海峡出版发行集团 THE STRAITS PUBLISHING & DISTRIBUTING GROUP | 鹭江出版社 LUJIANG PUBLISHING HOUSE
2020年·厦门

总 序

厦门的非物质文化遗产，伴随厦门的兴衰，历经沧桑，衍变至今，形成一个既相对完整，又富有创造精神的文化生态，承前启后，自成风貌。

自国家级文化生态保护实验区设立后，闽南文化出现了极其繁荣的局面。厦门各界大胆实践，守正创新，既制定发展规划，又出台建设办法，构建了较为完善的国家、省、市、区四级非遗传承体系，一批非物质文化遗产展示区、保护试点、传承中心等项目建设顺利推进。

2017 年，金砖五国国家领导人在厦门会晤，厦门非遗再一次受到国家的高度重视。会晤期间，文旅部门成功组织了非遗展演活动，习近平总书记还亲自向普京总统推荐、介绍厦门非遗，其中厦门漆线雕、惠和影雕大放异彩，为国家赢得了荣誉。

2019 年，厦门的国家级非遗项目送王船，首次成为中国和外国联合申报人类非遗名录的项目，成功列入 2020 年联合国教科文组织的审核清单。在这一段时间里，中国和马来西亚各自从本土出发，带着兼收并蓄的开放心态，跨越古今中外，加强研究，凝聚共识，形成合力，统一文本，联合申报。如今，人们对送王船等非遗的研究，兴趣越来越浓，关注越来越多，认识也越来越深，可以说成绩斐然，硕果累累。这些研究，从远处说，是一种文明成就；从近处说，贴近人心，满足人们对美好生活的向往，弥足珍贵。

2013年，闽南非遗丛书第一辑的出版，引起全球闽南文化圈的关注，使热爱厦门的广大民众，对厦门的非物质文化遗产多了一分了解。这辑丛书，实际上是一个“药引子”，要配齐整服药，需要这座城市所有人一起努力，不断进取，继续把厦门的闽南非遗捡拾起来，补充完整，互联共享，让厦门非遗在新的起点上，实现新作为，激发新活力。

如今，闽南非遗丛书第二辑，在人们的热切盼望中出版在即，这是厦门非遗建设取得的又一丰硕成果。该丛书侧重选择具有较高社会价值、美学价值和科学研究价值的类别，以民俗文化为主，对有形的、无形的、静态的、动态的非物质文化遗产进行梳理和总结。一套八本，内容丰富，为厦门非遗的创造性转化和创新性发展，又搭建了一个新的信息展示平台，让人们对厦门相关非遗项目的历史脉络和文化特征有更深刻的认识和了解。

无疑，无论是那些在中山公园晓春楼喝茶聊天的老先生，还是在锦华阁听古乐南音的老阿婆，他们都生活在先人留下来的文化氛围中。这些轻松、温馨的场景，每每让人涌起潜藏的感情，沉浸其中，又怦然心动，且难以自拔。这些场景、这种感情，日渐成为厦门非遗的一道人文景观。厦门非遗是闽南文化研究的核心，寄望于世世相传，代代相承。也正缘于此，闽南非遗丛书第二辑的出版，弥补了厦门非遗研究某些方面的缺失，为这座文化底蕴深厚的城市增添了一抹迷人的色彩。

当前，厦门遗留下来的非遗文化形态多姿多彩，备受瞩目。人们对闽南文化综合性的整体研究刚刚起步，但势头良好，令人备感欣慰！厦门闽南文化研究会原会长陈耕先生，以多种方式鼓励学者同仁，合其人力物力，推动厦门非遗的研究，体现了共建学术共同体的责任，其心可嘉，值得铭记。

厦门市闽南文化研究会会长　叶细致

序

众所周知，城隍庙是中国宗教信仰、民间信俗文化中祭祀城隍神祇的庙宇，属道教范畴，在民间有着十分广泛的信俗人群。

作为宗教建筑的城隍庙，其建置基本有两种：古代地方行政建制的郡、府、州、县之衙门所在地；与军事城堡、要塞的建设几乎同步的城隍庙。这两种建置，不外乎说明所有城隍庙及其相应的城隍神的“职能”，均为“保城安民”。

本书叙述的对象——厦门市后溪城内霞城城隍庙，属于上述城隍庙建置之军事构筑之列，始建于清康熙元年（1662年）。据载，从清顺治十八年（1661年）开始，清政府为围困郑成功的抗清武装，实行“迁界禁海”政策，沿海居民以城为界，十五公里以外不得居住。当时朝廷下旨，由福建总兵李率泰、同安总兵施琅负责督造城池，命其城为“城内”，又称“霞城”。同时，依惯例，在城中建筑城隍庙。现存的城隍庙“临海门”石匾额，其上下镌刻有“钦命总督福建部院少保兼太子太保尚书李奉旨”，“钦命镇守福建同安等处地方总兵官提督施琅，总督标后督造官副将黄顺，同安县知县、参将学成世保，同安镇标原副将关魁，督工由白礁巡察张恩荣，康熙元年八月吉日建”。

就是这样一座本不新奇的城隍庙，在其后的三百多年历史中，演绎了神明分炉、异乡护身、迁庙重建、回乡寻祖、捐款再建等等一系列曲折坎坷、跌宕起伏的关于闽台两岸城隍庙的感人故事。也正是这些故事，才赋予了这座城隍庙不一般的价值。

为讲好这个故事，我们选择了这样一种叙述方式：把这座霞城城隍庙放在整个厦门地区、闽南地区，乃至福建省的城隍庙信俗大家庭里，用近乎比较的手法予以展现，从而凸显这个城隍庙庙会信俗的特殊性。同时，我们还以时代的发展眼光，记述了这个城隍庙庙会信俗如何融入新时代民间信俗的新潮流。

当然，由于各方面的原因，本书之缺点错误在所难免，为此敬请专家学者多多指教。不胜感谢。

高爱民　林高在

2019 年 8 月

第一章　城隍史话 …… 1

第一节　城隍的由来 …… 1

第二节　城隍庙的建筑与神明 …… 7

第三节　土生土长的中国宗教信仰 …… 13

第四节　融合了儒释道思想的信仰文化 …… 16

第二章　城隍信仰的演化 …… 26

第一节　城隍信仰文化的时代特征 …… 26

第二节　吏治与安民：城隍信仰中的统治思想 …… 32

第三章　闽南城隍信仰 …… 37

第一节　城隍信仰在福建 …… 37

第二节　厦门城隍信仰与城隍庙 …… 41

第三节　闽南其他地区主要城隍庙 …… 57

第四节　闽台城隍信仰文化 …… 64

第五节　霞城—霞海：汇聚两岸神缘的传奇城隍故事 … 73

第四章　超越古代城隍信仰的两岸文化交流 …… 97

第一节　三百五十八年：厦门集美后溪霞城城隍庙 … 97

第二节　后溪霞城城隍庙建庙三百五十周年庆典 …… 100

第三节　古老信仰文化的现代色彩 …… 123

第四节　汇聚两岸人文情感的当代传承与发展 ········ 132

主要参考文献 ········ 146

后记 ········ 147

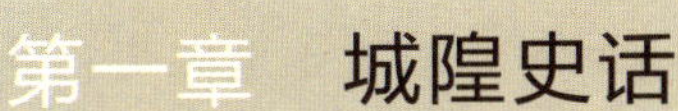

第一章　城隍史话

第一节　城隍的由来

城隍，有的地方又称城隍神，是中国宗教文化中普遍奉祀的重要神祇之一，为儒教《周宫》八神之一，也是中国民间和道教信奉的守护城池之神。城隍信仰的源头，可追溯至上古。上古时期，城隍分“城”与“隍”。“城”与“隍”二字的出现，最早见于《周易·泰卦》：“上六，城复于隍，勿用师，自邑告命。贞吝。”“城”为城墙，“隍”据《周易集解》引虞翻注：“隍，城下沟，无水称隍，有水称池。”《礼记》中也有记载，在“蜡祭八神”中，有“祭坊与水庸，事也”之说。坊，即防，土堤也。另有一说，水即隍，庸即城。我国早期城隍所祭祀的，是建筑物。古时岁末，夏代称嘉平，商代称清祭，周代称大腊。《礼记》之《礼运篇》还有“天子大腊八，水庸居七”之说，说明春秋时代天子岁末祭祀八种神，其中第七种是水庸神。另有赵翼《陔余丛考》云：“水则隍也，庸则城也。”

不论依据何种说法，都说明城隍是由“水庸”也就是古人所言第七种神演化而来的。透过这一系列说法，我们还能看出，古人所祭之神，还只是城、隍建筑本身，通过这种神祭，反映的是古代万物尤其是建筑都有神灵的观点，也反映了人们对保护自身聚居与生息的建筑的依赖与崇拜。这种崇拜，也自然地上升为建筑信仰崇拜。

城隍信仰产生之初，并没有将城隍人格化，而是对“城池”这种“物”的自然崇拜。这种崇拜，应是起源于人们的建筑崇拜。中国社会，城邑建筑由来已久。上古时期就有“皇帝始立城邑以居”之说，历代的考古发掘也印证了，在距今四五千年前的原始社会末期便有城邑建筑了。

建立在建筑崇拜上的建筑信仰崇拜，有很多事例能加以说明，比如古代的神殿建筑、宫殿建筑、民间的民居建筑风水崇拜（尽管风水崇拜的正式登场是在后世，但出于建筑崇拜信仰的神祭活动，应是随建筑本身的出现应运而生的）等等。

说到宫殿建筑，就要涉及专门从事宫殿建筑的人群。上古时期，什么样的人能为统治者建造宫殿，也是统治者倍加关注的事，乃至于能得到统治者“封姓”的殊荣。本书作者之一的高爱民，在研究其高姓源头时发现，高姓的几个主要起源中，首屈一指的便是“源于上古，始祖为黄帝大臣高元，以技为姓。《世本》载，‘黄帝臣高元作宫室’。高元是为黄帝造高楼的建筑家，从此被赐姓高，高姓就起源于高元。古代建筑，以高为尊贵，叫高台建筑。皇帝的宫殿最高，诸侯的要矮一些，贵族的又要矮一些，老百姓就只能住平房或洞穴了。所以，高姓之第一个源流，始于高台宫殿的建筑家”。

建筑崇拜是自然崇拜，即使上升为神祭信仰，也是自然神信仰，与最初出现的城隍信仰一致。把城隍神作为独立的人格神，并作为一种信仰加以礼拜，该是始于汉代。据说，在楚汉战争中，楚霸王项羽，以烹刑残杀刘邦的御史大夫周苛。刘邦称帝

后，为悼念周苛的功绩，封周苛为郡县之神，并且特令各地祭祀纪念。这次赐封，使周苛几乎成为后世城隍神的始祖。从此，城隍信仰也从自然神的信仰形态转化或上升为对人格化的神而且带着某些定规予以祭拜的祭祀信仰。

城隍神像

先秦时，天子八祭之一的“水庸”（护城沟渠）祭祀，可视为最早的祭祀城隍活动。后来逐渐演变为对城隍的信仰。对包括“城”在内的城隍奉祀，古人有始于尧、始于汉、始于三国诸说。有确实史料可证者，约在南北朝。《北齐书·慕容俨传》记载：北齐文宣帝天保六年（555 年），慕容俨镇守郢城，被南朝梁军包围，梁军以荻洪截断水路供应，形势危急，“城中先有神祠一所，俗号城隍神，公私每有祈祷。于是顺士卒之心，乃相率祈请，冀获冥佑。须臾，冲风欻起，惊涛涌激，漂断荻洪”。这是关于城隍显灵护城的最早记载。

自从出现人格化神祇之后，城隍就被视为冥界的地方官，职权相当于阳界的县官，也被称为判官等。自汉代的刘邦将亡故之人奉祀为城隍神之后，见诸记载的建庙奉祀城隍神的祭祀活动，大概始于三国。《余东序录》载：“芜湖城隍，建于吴赤乌二年（239 年）。”南北朝及隋代的城隍祭祀，较少有具体城隍神的记载，而唐代以后，多有以人代神也就是多有具体人格形象的城隍神了。《唐书·忠义传》载：“庞玉镇越，惠泽在民。既卒，邦人追怀之，祀以为城隍神。”说的是庞玉原为越州总管，在任时对百姓多有“惠泽”，他死后，百姓对他追思怀念，把他尊为当地的城隍神加以奉祀。这之后，全国各地所祀城隍，多见将生前有恩泽于民的清官、良吏尊为城隍神而供奉于城隍庙。也就是“有功烈于民，能御大灾、捍大患者，殁则祀之”。

唐代奉祀城隍神已比较盛行。如在吴地，“吴俗艮鬼，每州县必有城隍神”。唐代不少地方官员都撰写过祭城隍文。五代十国时期，城隍神已有了封号。如后唐清泰元年（934 年），诏封杭州城隍神为顺义保宁王，潮州城隍神为阜俗安成王，越州城隍神为兴德保闉王。

宋代城隍神信仰已经纳入国家祀典，“今其祀几遍天下，朝廷或赐庙额，或颁封爵，未命者或袭邻郡之称，或承流俗所传，郡异而县不同”。

元朝继承宋朝的祀典制度，元文宗天历二年（1329 年），加封都城隍神为护国保宁王。

明代的城隍神信仰趋于极盛。据传开国皇帝朱元璋是在土地庙出生的，故对土地神的上司城隍神格外敬重。明洪武二年（1369 年），朱元璋下诏加封天下城隍，并严格规定了城隍的等级，共分为都、府、州、县四级；京师城隍封为“帝”，开封、临濠、东河、平滁四地城隍封为“王”，各府城隍封为“威灵公”，各州城隍封为“绥靖侯”，各县城隍封为“显佑伯”。后来取消封爵，命各地城隍按其行政建制，称某府某州某县城隍神。府、州、县新官到任，一定要先宿斋于城隍庙，以与神誓，并称城隍神于冥冥中司民命，起到监视纠察官吏的责任。城隍庙还有个特点，它不似文庙只有县级建制以上才可设置，而是只要有城即可设置城隍庙。

“只要有城即可设置城隍庙”，实际上给出了设置城隍庙的规

则：县级以上建制的行政治所和建有城池的城防，这两种地方可以建城隍庙。中国古代诸侯国层出不穷，战事频仍，在非府州郡县所在地之处建设以军事意义为主的城防建筑成为常事，而且这些城防之重要性，包括将领的规格品级，往往远超府州郡县的建制及相应长官的等级。

闽南在宋代就开始流行祭拜城隍，但迄今所见的城隍庙大都是明代以后所建。城隍信仰在闽南十分普遍，泉州和漳州都是府治、县治同城，同时有府、县级别的两座城隍庙。同安马巷厅并未建筑城垣，因清乾隆四十年（1775 年）“移驻别驾于此，而武帝庙、城隍庙一时并建”。明代为了防倭，在闽南沿海设立永宁卫、崇武所、中左所（厦门）、镇海卫等，筑城守御，闽南于是出现一批卫所城隍庙。其中永宁卫城隍于明嘉靖倭乱中移驾至尚无建城的石狮，建城后则分灵各地。随着移民渡台，永宁卫石狮城隍香火分炉彰化县鹿港等地。台北霞海城隍庙香火分自同安后溪，即康熙初年迁界时施琅督造的霞城。

后溪城内的石牌坊

后溪城内城遗址石碑

城隍爷有统治邑吏、监察民稳和卫护城池之责，当然必须由公正廉明、忠勇威严之人来担任。从隋朝开始，就逐渐以正人直臣或被认为有功于民者作为城隍神。譬如，宋末抗元的英雄文天祥被奉为北京城隍，同时抗敌的陈瓒被奉为兴化军城隍，其侄儿陈文龙被奉为福州府城隍。作为一种全国性的民间信仰，亦有一些闽南人，如泉州人俞大猷、施琅、吴英等，或与闽南历史有关者，如山东人戚继光、四川人汪芳山等被奉为邑州、桂林城隍神，同安人陈化成被奉为上海城隍神。

霞城城中古石雕

第二节　城隍庙的建筑与神明

城隍爷被定位为各级行政司法神，城隍庙就是城隍爷审理案件的办公场所。各地城隍庙随着城隍爷的官阶不同，规格也有所不同。闽南的城隍庙大都是四进三开间的格局，左右有龙虎墙，外围有厢房，庙前有戏台，最后为大士殿，四周再以高墙围住，规模宏伟。在空间规划上多是“三川殿”“拜殿”和“正殿”三者连成一体，这种配置的中央轴线可产生庄严肃穆的气势，尤其是从拜殿到正殿往往有重复列柱，营造出阴森肃杀的气氛，而且越接近正殿越发阴森，使参拜者慑服，甚至有恐惧之感，这是一般寺庙少见的。

城隍庙正殿

进入城隍庙，首先是三川殿。所谓三川殿，指寺庙中有三个门的前殿建筑，其屋脊常配合开间分为中段高、左右略低的三段脊，使寺庙的立面更富变化。三川殿上的门神在寺庙绘画中最为醒目，按道理城隍庙应采用牛头马面等阴差为门神，但闽南的城隍庙为避免鬼魅之气和惊吓过往行人，大都以朝官、衙役、神荼、郁疊为门神。三川殿的楹联往往凸显城隍爷掌管阴阳、主持正义的形象，更是对作奸犯科者的当头棒喝。如“问你平生所干何事？图人财，害人命，奸淫人妇女，败坏人伦常；摸摸心悔不悔，想从前千百诡计奸谋，哪一条孰非自作？来我这里有冤必报！减尔算，荡尔产，歼灭尔子孙，降罚祸淫；睁睁眼怕不怕，看今日多少凶风恶焰，有几个到此能逃！”“阳间官刑虽幸免，阴司法网总难逃”“到此阴阳判，应知善恶明”等等。

殿上横梁处悬挂着一个大算盘，提醒世人早晚都有到城隍爷处报到的一天，善有善报，恶有恶报，城隍爷会将你的所作所为在算盘上加减乘除细细算清楚，有着劝善戒恶的功能。这也是城隍信仰在传统社会中最重要的道德教化功能。

城隍庙庙口横匾

正殿为城隍爷的办公厅，因此它的空间配置跟早年衙门的大堂相对应。正殿的正面为神龛，供奉城隍爷神像。神龛前的案桌往往笔、砚、官印、笔山、文书、惊堂木、令箭桶等一应齐全。

左右两侧陪祀文判官、武判官，再往前则有排爷、牛爷、马爷、枷爷、锁爷等。正殿两侧则供奉六司爷等幕僚人员。

穿过正殿，就进入了后殿，有如昔日县官宴客或生活起居之处。后殿祭祀的有城隍爷的眷属，如城隍夫人和城隍少爷，有的还会把观音菩萨、地藏王菩萨、注生娘娘、土地公等都摆在后殿祭祀。后殿的光线一般比较充足明亮，因而气氛就较前面的三川殿、正殿来得祥和。

各地城隍爷的造型都不一样，但也有共同的特征，都是蓄须、着官服、表情严肃，以文官为主。城隍爷的塑像一般不止一尊，最大的一尊是正殿城隍，很少出庙门。前面一般就会有一些分身，在出巡绕境时就由分身代劳。

城隍爷之下是文武两位判官，判官的职称最早出现在唐代，是地方长官的幕僚，辅佐处理政事。明清两代，判官改称为典史。文判官的职务是调查百姓品德善恶，负责文书业务。造型往往为白面书生，一手持朱砂笔，一手持生死簿。武判官在文判官判决之后，负责执行。造型威武凶猛，手中持鞭戟等法器。许多城隍庙还奉祀阴阳司公，其职责为辅助城隍爷督查阴阳两界。其脸部造型黑白各半，令人印象深刻。

明清两代有吏、户、礼、兵、刑、工六部，城隍庙也跟官衙一样设有延寿司、速报司、纠察司、奖善司、惩恶司、增禄司等六司官。更高等级的城隍庙还有八司、十六司、二十四司。二十四司是：惩恶司、检簿司、注寿司、典籍司、文书司、学政司、良愿司、功曹司、掌案司、察遇司、稽查司、赏善司、地狱司、驱役司、仪礼司、注福司、督粮司、巡政司、速报司、感应司、考功司、阴阳司、保安司、提刑司。

排爷即过去衙门差役的头头，闽南俗称班头爷，专门负责执杖刑法的工作。每个城隍庙的排爷称呼不尽相同，造型也不像七爷、八爷那么威猛凶恶。

枷爷、锁爷俗称金银将军或大小鬼，类似旧衙门里的捕快、禁卒。据说，其主要负责将城隍爷审判完的亡魂与公文移送阎罗王处。枷爷、锁爷外表多为青面獠牙，凶神恶煞。台湾八家将、什家将的脸谱便是仿照枷爷、锁爷。

牛爷、马爷又称牛头马面。它们本源自佛教经书中地狱狱卒的描述，后来被道教所引用。牛爷、马爷是地狱的狱卒，负责在阴间奈何桥两侧监视，碰到恶人通过，就将之推落桥下去受折磨，也负责到阳间押解寿命终了之人，到阴间地府向阎罗王报到。

七爷、八爷是城隍庙里必有的神明。七爷又称谢将军，闽南人一般称之为大爷，本名谢平安，其造型为白脸、身材瘦高、吐长舌、头戴高帽，帽子上写着“一见大吉”，右手拿着羽扇，左手拿火签。八爷又称范将军，闽南人称之为二爷，本名范无救，黑脸、身材矮胖、头戴四角方帽，帽子上写着“善恶分明”，右手拿虎牌，左手拿锁链。

七爷、八爷为押解人犯到阴间接受审判的捕快，在衙门地位不高，却令世人胆战心惊。民间传说人的寿命将近，阎罗王派七爷、八爷去勾魂，人的灵魂被勾走，马上死亡，因此七爷、八爷也称黑白无常。他们虽然相貌凶恶，但却是两位好人。民间传说，七爷、八爷自幼结义，情同手足。有一天，两人外出办事，突遇暴雨，七爷要八爷稍等，自己回家拿伞。不料七爷走后，大雨倾盆，河水暴涨，八爷不愿失约，不挪地方，最终被水淹死。待七爷取伞归来，见方才八爷所站之处波涛汹涌，八爷失踪。七爷痛不欲生，竟吊死在河边。阎罗王嘉奖其二人信义深重，命他们在城隍爷手下专司捉拿不法之徒。

虎爷为镇守宇宙之兽神，一般在神龛下奉祀。民间也有虎爷

会“咬钱”的说法，因此又作财神来奉祀。城隍庙里的虎爷并没有特定的造型，有的威武严肃，有的小巧可爱，样式千变万化。城隍爷出巡时，常会带着虎爷降妖伏魔。

城隍庙除了上述城隍爷的“办公队伍”，还要配祀城隍夫人。早在宋代，就有城隍夫人的传说。到了元代文宗天历二年(1329年)，朝廷为体恤城隍爷一人孤独寂寞，正式将城隍夫人加以封赐。闽南有的城隍庙除了城隍夫人外，还配祀大少爷、二少爷、大小姐、二小姐，饶富温馨趣味。总之，城隍庙里供奉的不仅是城隍爷，而是以他为主的一套神明组织、神祇系统。

明清两代明文规定：地方官吏每逢初一、十五都要到城隍庙进香；新官上任，要先卜吉日，而后亲往城隍庙举行奉告典礼，然后才能开始视事。城隍的祭祀一般分为庙祭、坛祭、厉祭。庙祭指在城隍庙内举行的祭奠仪式。如前述的新官上任的奉告，初一、十五的进香都属于庙祭。庙祭一般要供奉三牲五果，承祭官要行三跪九叩礼，有迎神、上香、奠帛、读祝、三献爵、送神、望燎等环节。坛祭，一般是碰上水旱灾害或者是春秋上巳之日，先牒城隍，然后在露天开阔之处，设立祭坛。坛祭设有神牌，正中为风云雷雨之神，左边为境内山川之神，右边则为城隍爷。坛祭一般为官民共祭。厉祭，一般是在三月初二的寒食节，或者是七月十五的中元节，祭祀的对象为厉鬼。一般人死后通称鬼，凶死或横死者为厉。因为厉者往往含冤而死，所以会出来作祟危害活人，因此，早年官方和民间会通过厉祭来怀柔厉鬼，以达到人鬼间的和谐。

城与隍，在民间历来被尊为城市的保护神，道教把它纳入自己的神系，称它是剪除凶恶、保国护邦之神，并负责管理阴间的亡魂。有人对城隍信仰的由来及其发展做了通俗易懂的解读，说城隍信仰一共经历了四个阶段。

祭拜城隍

第一阶段是原始崇拜阶段：城隍信仰起源于原始社会中上古时代的土地崇拜，所以祭祀土地神是城隍信仰中的重要部分之一。祭祀城隍也是上古祭祀社稷的延续。《礼记》中除了有祭社神和稷神外，还有祭祀水庸神的，水庸就是城隍。早在周朝，每到收获之后或到了除夕，人们都要腊祭八神，其中第七神就是水庸神，即城隍神。

第二阶段是城隍神人格化阶段：三国以后，城隍神逐渐人格化，民间已有了城隍祠。最早的城隍庙见于三国赤乌二年（239 年）所建的芜湖城隍庙。《搜神记》中说，蒋子文逝去后显灵，成为广陵土地神，以至被封为广陵的城隍。广陵就是现在的南京。清代孙承泽的《梦余录》中也说三国吴赤乌二年齐慕容俨、梁武王有祭城隍表文。

第三阶段是城隍信仰的兴盛阶段：唐朝时期城隍信仰深入州县。民间祈雨求晴、祈福去灾，都要祈求城隍神，道教把城隍正

式纳入其信仰体系，也是在这个时候。唐朝时的城隍信仰已经相当普遍，很多文人雅士，如杜甫、韩愈、张九龄、杜牧、李商隐等人都撰有祭祀城隍的诗文。后唐清泰元年（934 年）封城隍为王爵。在当时的封建专制统治下，人们都希望当官的能为民做主，体恤他们的疾苦。因此，他们对那些为人民做好事的官员非常敬重，在他们逝世后，便把他们作为城隍神供奉。如苏州祀春申君，杭州祀文天祥，上海祀秦裕伯，桂林祀苏缄等等。

第四阶段是城隍信仰的升华阶段：明朝时期，因为朱元璋的原因，城隍信仰被提升，进入国家祀典，城隍神被封为“王、公、侯、伯”四等。洪武元年（1368 年），明太祖朱元璋下旨，封开封、临濠、东和、平滁四城的城隍为王，职位为正一品，与人间的太师、太傅、太保“三公”和左右丞相平级，又封各府、州、县城隍分别为公、侯、伯职位，分别为正二品、正三品、正四品。同时重建各地城隍庙，规模竟与当地官署衙门完全一样，还按级别分别配制冕旒衮服。洪武三年（1370 年）正祀典，诏去封号，只称“某府或州某县城隍之神”，又令各地城隍庙不得杂祀其他神明。有人认为，朱元璋小时候曾住过土地庙，所以对土地庙及土地神的上司城隍庙极为崇敬。在福建，明孝宗年间，莆田抗元英雄陈文龙被封为福州府城隍爷，其从叔、抗元英雄陈瓒被封为兴化府城隍爷。

纵观城隍神的演变历史，我们不难发现，城隍的出现与城市的形成是同步的，城隍神从自然神变为人格神的过程，也体现出老百姓对封建社会一些官员的崇敬与爱戴。

第三节　土生土长的中国宗教信仰

道教是中国土生土长的宗教信仰，是以“道”为最高信仰的本土宗教。它发源于春秋战国时的方仙家，是个崇拜诸多神明的宗教形式，主要宗旨是追求长生不老、得道成仙、救世救人，在中国传统文化中占有重要地位。道家虽然从战国时代即为诸子百家之一，但直到汉朝后期才有教团产生。益州（今四川）夫师道奉老子为太上老君。至南北朝时期，道教的宗教形式逐渐完善。唐代尊封老子，为了美化唐皇室，说老子是唐皇室先祖。

从中国的洪荒时代起，人类就开始寻求自然的庇佑，遂而认为万物有灵。这是原始人类在宗教形式出现之前最先有的理论，进而产生了对自然的信仰、灵魂的信仰、祖先的信仰，直至在历史的河流里慢慢进化成祖先与天神合一，成为对天无上的信仰以及后世各类至上的神的雏形。

作为中国的本土宗教，道教在中国古代鬼神崇拜观念上，以黄、老道家思想为理论根据，承袭战国以来的神仙方术演化而成。东汉末年，出现大量道教组织，著名的有太平道、五斗米道等。祖天师张道陵正式创立教团组织，距今已有一千八百年左右。

张道陵，字辅汉，东汉建武十年（34 年）正月十五日生于沛国丰县盘家村（今江苏丰县宋楼镇费楼村）。系创汉功臣张良（字子房，江苏丰县人）之八世孙，史书又称其名为张陵。据载，张陵身材高大魁梧，生性好学，天文地理，河洛图纬，皆极其妙；诸子百家、三坟五典，所览无遗。先为吴越之地的大儒，跟随学习者数以千计。曾入太学，通达五经，举“贤良方正直言极谏科”。东汉明帝时，知巴郡江州令（今重庆），后隐退北邙山（今河南洛阳北），习学长生之道。据传，张道陵活了一百二十二岁，这也许就是他创建道教亦即“五斗米道”并最终成为世人尊崇的“张天师”的主要因素。

“张天师”是五斗米道创立者张道陵及其后代世袭嗣教者的

通称。张道陵正式创建道教教团的确切时间我们无从得知，但有一点应该可以确定，是在他任巴郡江州县令之后隐退于北邙山期间创建的，也就是说，是在 75 年之后、他的卒年 156 年（时为东汉恒帝永寿二年）之间。

张道陵创建道教后，曾置二十四治（教区），其中阳平治为各治之首，类似中央教区，制“阳平治都功印”，连同“三五斩邪雌雄剑”和经箓，为象征天师掌教权威法器。还规定，“绍吾之位，非吾家宗亲子孙不传”。此后，张道陵传子张衡，称嗣师；张衡传子张鲁，称系师。传说第四代孙张盛田由汉中（今陕西）徙居江西龙虎山，世代相传，子孙嗣教者均称天师，而尊张道陵为第一代天师。四代以后，较为著名的天师主要有：三十代天师张继先(1092—1127 年),三十五代天师张可大（1218—1262 年），三十六代天师张宗演（1244—1292 年），三十八代天师张与材（？—1316 年），四十二代天师张正常（1334—1377 年）。其中，四十二代天师张正常曾得到明太祖朱元璋的册封，被封为“正一教主”，并曾撰《汉天师世家》，记述汉天师自张道陵至四十一代张正言之谱系，且由时任明朝太史的宋濂作序。自从张正常撰《汉天师世家》后，天师谱系迄今有过多次重修或补修。

道教起于张道陵，大致是在一世纪的中叶，真正成型与完整，尤其是被官方正式承认，是在很久之后。而中国古代的城隍信仰，若按上述见诸史载的最早建庙祭祀城隍神的三国时期吴赤乌二年（239 年）来算，当然此前的传统城隍崇拜，从思想到宗教实践活动早已形成，那么，城隍信仰与“以道为最高信仰”的道教，很难说谁先谁后。后来，道教把城隍纳入自己的神系，城隍信仰也心悦诚服地归于道教，我们似乎可以很正式地做个表明：城隍信仰也和道教一样，是土生土长的中国本土宗教信仰。不论是道教，还是城隍信仰，在其孕育、产生之初都有着特定的形态且自成体系。

第四节　融合了儒释道思想的信仰文化

这里还想从东汉社会说起。东汉是中国历史上的一个朝代，与西汉合称两汉。东汉建都洛阳，而西汉建都长安。25 年，西汉皇族成员刘秀在绿林军协助下，以武力击败了篡位的王莽而夺得帝位，定国号为汉，后人称之为东汉，年号建武，是为汉光武帝。

建武二年（26 年），光武帝下令全面改革王莽所实施的旧政策，实行了整顿吏治、废除官奴、清查土地等新政，使人民生活逐步稳定。在东汉前期，朝廷进一步加强与地方势力的融合，使国家趋于稳定。东汉的经济、文化、科技都超过了西汉的水平。比如：105 年，蔡伦在前人的基础上改造了纸张的制造术，使我国的文字走出了使用竹简记录的时代，并使造纸术作为我们熟悉的中国古代四大发明之一而流传至今；制陶业的发展使中国彻底脱离了青铜时代的束缚，让一些从前为贵族专有的用品进入寻常百姓家；张衡所代表的东汉学术界，以高超的技艺制造了“浑天仪”“地动仪”等科学仪器；东汉末年的名医华佗，是有记载的第一位利用麻醉技术进行手术治疗的外科医生。此外，在东汉时期，书法、绘画已不单纯作为文字图形符号使用，而已经凸显出其艺术的地位。

一世纪中叶，经过光武帝、明帝、章帝三代皇帝的治理，东汉王朝已恢复了往日汉朝的强盛。这一时期，被后人称之为“光武中兴”。

我们如此郑重其事地叙说这段历史，是想表明，历史上的中国，在这一时期注定要出现新的文化成就。众所周知，任何经济昌盛、国家强盛的时期，文化也必将繁荣。毋庸讳言，我们要讲述的城隍信仰，便是其中之一。

上面说过，东汉年间是城隍信仰与道教并存的年代，另一大宗教佛教，也在这一时期前后传入中国并迅速发展。这是巧合，还是事物发展的某种必然？笔者认为，当是后者。原因很简单，都是国家强盛、经济繁荣、社会发展所带来的文化现象。佛教距今已有两千五百多年，是世界三大宗教之一。一般认为，佛教起源于印度。佛教传入中国的确切年代尚无定论，较为普遍的说法，是在东汉永平十年（67 年），汉明帝派遣使者至西域广求佛像及经典，并迎请迦叶摩腾、竺法兰等僧至洛阳，在洛阳建立第一座官办寺庙——白马寺，为我国佛教寺院的发祥地，并于此寺完成我国最早传译的佛典《四十二章经》。

传入中国的佛教有三大派别：汉传佛教、藏传佛教和南传佛教。从南北朝开始，中国佛教进入兴盛发展阶段，此时佛教已经遍布全国，出家以及在家修行的佛教徒数量增加很快。据北魏《洛阳伽蓝记》记载，洛阳城中寺庙，最鼎盛时多达一千三百六十多所。而在北方的长安，也是僧尼过万人，南方的建业（今南京）也有佛寺数百座之多。隋唐时期是中国佛教鼎盛之时。隋朝皇帝崇信佛教且热衷佛事。唐朝皇帝崇信道教。在这里，想附带说一说武则天。武则天嵩山投金简，是唐朝皇帝崇信道教的代表例子。

武则天（624—705 年），一代女皇，活了八十一岁，这在古代，尤其在古代帝王中，已是难得的高龄者。事情发生在 1982 年 5 月，登封县的一位山民上嵩山采药，捡到一块长方形的金简：长 36.5 厘米，宽 8 厘米，厚度不到 0.1 厘米，黄金纯度在 96%以上。金简上有文字：“上言‘大周国主武曌，好乐真道，长生神仙，谨旨中岳嵩高山门，投金简一通，乞三官、九府除武曌罪名。太发庚子七月甲申朔七日甲寅，小使胡超稽首再拜谨奏’。”经鉴定，此金简是武则天于久视元年（700年）登中岳嵩山祈福，特遣太监兼道士与炼丹师胡超，向嵩山投放的“除罪金简”。

“乞三官九府”，是典型的道教语词。“三官”即道教的天官、地官、水官，东汉五斗米教的“三官手书”就是其祖源；“九府”指的是道教三官的九府，《无上秘要》曾历数三官各宫宫名，然后说“右天官三宫，宫有三府”，“右地官三宫，宫有三府”，“右水官三宫，宫有三府”，“三官之府相合，适为九府”。“三官”是道教主要神祇之一，许多地方有专门的“三官庙”，也有许多地方的城隍庙配祀有“三官”神。武则天上嵩山祈福投金简时，已经年逾七十六岁，如此虔心安排，除了愿求长生不老之外，该说她是个虔诚的道教徒。

然而，唐朝的皇帝除了崇信道教之外，对其他宗教比如佛教，也采取宽松对待的政策，甚至一边拜道教，一边还兼做佛教的佛事。武则天也有这方面的例子。1987年，考古人员在倒塌的陕西扶风法门寺经过抢救性挖掘后，从地宫起出震惊世界的四枚佛指舍利的同时，还起出金银器一百二十多件（组），这些金银器，都是为皇帝迎送佛骨的活动而专门制造的礼器，而在地宫起出的唐代精致纺织品中，还有武则天的“武后绣裙”一件。法门寺中发现的武则天时期“千佛碑”上所刻的《大般涅槃经》，也是迄今发现的最早的佛经。

现在我们谈谈儒教。儒教指的是儒家学派，又称孔教。中国历史上把孔子创立的儒家学派视同宗教，与道教、佛教并称三教。“儒教”一词首先出现于《史记》，其《游侠列传》云：“鲁人皆以儒教，而朱家用侠闻。”到了汉代末年，儒者蔡邕正式使用作为名词的“儒教”：“太尉公承夙绪，世笃儒教，以《欧阳尚

书》《京氏易》诲受四方。学者自远而近，盖逾三千。”魏晋时代，“儒教”这个概念逐渐流行开来。隋唐以后儒教就成为指称由古代圣帝明王开创和不断改进的、在汉代被国家立为国教的宗教。应该说，儒教与道教，同在中国的土地上滋长、繁衍，历来就有着密切的联系。而在朝代的更替过程中，儒教与道教往往在一定程度上出现某种此消彼长的迹象。当然，这时期更多的还是对儒教的褒扬。《晋书・宣帝纪》载：“少有奇节，聪朗多大略，博学洽闻，伏膺儒教。”《梁书・儒林传序》载：“魏、晋浮荡，儒教沦歇，风节罔树，抑此之由。”唐王维《和仆射晋公扈从温汤》云：“王礼尊儒教，天兵小战功。”唐朝《封氏见闻记》也把儒教单列。“儒教近而易见，故宗之者众焉。道意远而难识，故达之者寡焉。道者，万殊之源也。儒者，大淳之流也。三皇以往，道治也，帝王以来，儒教也。”

战国时期早期的思想家墨翟曾称儒教为“道教”，因为儒者们奉行着自以为正确的“道”。汉代末年，一部中国佛教著作《牟子理惑论》中也称孔子的教派为“道教”。直到晋代，皇帝在征召儒者到朝廷服务的诏书中，仍然称儒教为“道教”。古代中国人，则把儒教叫作“圣教”。

《说文》云：“儒，术士之称。”《结言・君子》云：“通天地之人曰儒。”有资料表明，周代初年，曾经协助周武王推翻了商朝统治的周公姬旦，在周朝建立以后，曾“制礼作乐”，建立了当时先进的政教一体的礼仪制度。但是，数百年之后，这套制度遭到了破坏。春秋时代的孔丘，忧虑当时的混乱状态，希望国家恢复秩序和安定。孔子是当时最为博学的学者，因而得到世人的尊敬。然而，他的主张得不到当时国君们的响应。于是他整理了被认为是古代圣帝明王们创造的文化成果，并且提出了自己的见解，希望这些文献能成为后世人们行为的依据。经由孔子整理的古代文献，直到唐代，人们还常常以“周孔”并称，认为他们两人是最大的圣人，并把儒教的主张说成“周孔之道”。

汉代儒家董仲舒依据孔子的思想，适应新的历史条件，对传统的国家宗教教义进行了新的解说。在董仲舒新的解说基础上，后来的儒教不断努力，逐渐使传统宗教彻底建立在由周公、孔子奠定的儒家学说基础之上。因而，独尊儒术，是传统的国家宗教彻底儒化的开端，也是儒教真正成为“教”的开端。

天人合一，是中国人的根本思想，所说的是人与天的关系问题，也是精神与物质的问题。然而关于天人合一，却有道家型、儒家型和综合型三者之分。

道家所理解的“天”，是自然之天，甚至没有神秘因素。道家认为，人是自然界来的，人本身就是自然界的一个组成部分，因此人应该效法地、效法天、效法自然，即《道德经》所云，“一生二，二生三，三生万物”“人法地、地法天、天法道、道法自然”。而同时，道教的“天”，有时让人理解起来又“非道非儒，亦道亦儒”。它发展了汉儒的神秘主义，宣扬人通过高度自觉的“天人合一”过程，可以期待长生不老，飞升成仙等。这种非道非儒、亦道亦儒，综合儒、道“天人合一”的宗教改造，让传统的“天人合一”进入了一种奇妙的精神世界。

儒家所理解的“天”，既有传统儒教中天帝的痕迹，有神秘性，同时也是自然之天。《论语》云：“大哉，尧为君也，巍巍乎，唯天为大，唯尧则之。”孔子的根本立场，就是“唯天为大，唯尧则之”。孟子继孔子的思路，让天有了神秘痕迹，“若夫成功，则天也”。

综合型的“天”，就是汉代董仲舒给定的“型”。他认为“天者，群物之主也……故圣人法天而立道”，“道之大，原出于天。天不变，道亦不变”。董仲舒的“天人合一”，继承了阴阳家，吸

收了墨家，借鉴了道家，而以儒家的“天人想通”为归宿。他认为天与人处在一种灵敏的感应关系中，人不仅应该知天、敬天、畏天、法天，还应该行动起来，感动天、感应天，让天改变它原来的安排。这个理论，无疑对中国政治乃至宗教，都产生了深远的影响。

玄天上帝庙

经由董仲舒重新解释和发挥的儒教教义，注重礼仪制度的建设，特别是其中祭天、祭祖的礼仪制度建设。完备而复杂的礼仪制度，有助于人们养成遵守秩序、安分守己的习惯，这也是儒教重视礼仪制度建设的重要目的之一。隋唐时代，礼仪制度建设达到了高潮。唐代中期制定的《开元礼》，成为后代礼仪制度的典范，其中对如何祭天、祭祖、祭孔，都做了详细的具有法典意义的规定。

儒教的最高神，是天。儒教经典中和天相等的另一称号是上帝，或称天帝。我国古代的上帝，就是当时大众的祖宗神，其中最显赫的是黄帝和炎帝。

儒家总是把“治国安邦”“经国济世”视为政治的社会规范，提倡“王道”的推行。儒家思想当中有“神秘文化”的成分，譬如“天人感应”“天罚神谴”之说。另外，他们主张祭祀鬼神。《论语》有云：“祭如在，祭神如神在。”这种祭祀鬼神的行为，完全是出于“神道设教”的目的。

在历史上，儒教对于民间不断兴起的神祇祭祀，一般采用三种手段。一，将它们“招安”后“收编”。这其中最为显著的有城隍信仰、关帝信仰、梓潼神（文昌）信仰和妈祖信仰。二，禁止。在这方面，历代都有朝廷官吏（如曹操、狄仁杰等），禁止危害社会安定、人们健康的神祇祭祀。三，不收编也不禁止。对这类神祇，在遭遇大难大灾时，官吏甚至会去向神祇祈祷消灾。

可以说，城隍信仰从一开始就被儒教所融合。这是由儒教的宗教组织形态所决定的。儒教没有在政权组织以外建立自己的组织，政权组织同时也是儒教的宗教组织，也就是《周礼》的官职结构。在这个组织结构中任职的官员，同时也是一种教职，兼施宗教的职能。高居整个组织结构之上的是皇帝。皇帝不仅是王朝的天子，同时也是最高的教职，在最隆重的祭天大典上担任主祭。而家庭间的族长，则是家族祭祖时的祭司。各级官员依不同品级，担任不同的祭司任务。在朝廷任职的官员，有时要作为皇帝的使者，到京城之外去执行祭祀任务，而作为府、州、县的地方官，理所当然地担任与本级相应的城隍神祭祀的主祭。此外，各级地方官还代替了从前的诸侯，要负责祭祀境内的名山大川、山神水神，其中一项重要的任务为旱时祈雨、涝时救灾，年年岁岁都求上苍保佑一方风调雨顺、五谷丰登。这里的各种祭祀，很难完全分清到底是儒教信仰还是城隍信仰了。

再来试观城隍庙的建筑规制。城隍庙的建筑，完全是仿照阳间的衙门的，城隍庙里设置有等级分明的主神、佐神、隶役等等，俨然一套完整的阳间王朝的官吏系统，城隍爷是地方冥官。而封建时代接受儒家思想的培养与训练的各级官员，在履任时，都要按例到城隍庙宣誓就职。每年城隍爷生日，都要按照王朝祀典，亲临城隍庙担任主祭。遇到难断的案件，常常请求城隍爷协助判决。这样一来，无形当中使阴阳两界出现了同构互补的态势。看来阴阳两界的政府行为都是依据儒家思想模式构成的。

再看道教文化对城隍的影响。城隍信仰认为，世界是由天界、冥界、凡界组成的。而城隍爷是属冥界的冥神，城隍庙又是建在凡界的城市里，它监察着百官与民众的行为。城隍庙纳入道教的神团系统大约始于唐五代。五代的著名道士杜光庭所编纂的《道门科范大全集》，其中关于各类斋醮的“请神”仪式里，就有城隍神的法位，认定城隍神是被邀请的神祇之一。难怪许多城隍庙都是由道士当家。各地城隍神的诞辰或出巡的日子有所不同，所以各地城隍庙的庆典或庙会，日子也有不同。若是遇上地方灾情，请城隍神“出巡”，都是由道士担任主办。道士传度时，也要送牒通知城隍爷，介绍那一位道士的受录资格。明代还出现有定型成文的经典《城隍经》（全称《太上老君说城隍感应消灾集福妙经》），被收录《道藏》。在这部经书的“开经谒”上，告诉信众欲解脱得度，需诵《城隍经》三五十遍，乃至百千万遍，即能消除罪业，安享太平。成型经文的出现，标志着城隍信仰的宗教形态日趋完备，也明确了城隍信仰纳入道教范畴的宗教属性。

从城隍庙的神事活动看，道士建道场“超度亡魂”，要先发文书（即城隍牒）知照城隍爷，才能拘解亡魂赴坛。道士祈雨时，要交付《城隍檄》，通知城隍爷遵照执行。在道教各类斋醮结束时的“辟神”仪式中，道士还要发“回牒”给城隍爷，表示斋事完满，感谢城隍爷的积极协助。在泉州城隍庙里，城隍爷的左边站立着一位判官，叫文判，其俗身据说就是唐代名臣颜真卿，他刚正不阿，讨伐安禄山叛乱有功，被封为鲁郡公。唐德宗时期，李希烈反，颜鲁公遇害。他是个忠烈人物，道教封他为“北极驱邪院左判官”。一位凡界的忠烈之士，牺牲后成为冥界的仙官神吏，这就是道教趋向世俗化的表现。

由于纳入道教神系，城隍庙里供奉的神祇，除了主神城隍爷，还供奉属于道教神系的神明，如三官大帝，即天、地、水三官神。上面说过的武则天上嵩山投金简祈求三官九府除罪的记载，那是纯属道教法事，而在城隍祭祀中，三官神祭也是较为普遍的配祀。

佛教义理对于城隍，也有着很深的影响。佛教的义理，由“轮回”引出的“因果报应”之说即所谓的“业报”，强调“阳间善恶由人造，阴府轮回报应明”，“善者赐登天界，逍遥快乐；恶者坠落地狱，万劫凌迟”，“善有善报，恶有恶报，若还未报，日子未到”。

城隍爷的顶头上司是阎罗王。阎罗王是幽冥界之王，《地藏经》上称为鬼王。我国各地的城隍庙，在主神之旁侧立着两个鬼卒：牛头与马面。这两位鬼卒是由印度进口的舶来品。佛门《地狱经》中云：“牛头即阿旁，或称阿防。”《铁城泥犁经》上云：“马面名罗刹，为恶鬼。”

佛教《地藏经》的立意不仅以“三世果报”恐吓人，而且阐明：“莫道善恶无报应，阳间做事阴间受。”“积善之家必有余庆，积不善之家必有余殃。”认为除了采取消极制裁外，还要进行积极的诱导，“普劝众生断恶修善”，“作善降之百祥，作恶降之百殃”。采用惩治与教育相结合的救度方法。

福建省文化学者沈继生先生认为，表现三教合一的典型史迹是泉州府城隍庙。沈先生的《城隍信仰融合了儒道释思想》（载

《闽台城隍文化》）中介绍，今泉州府在行春门外桂香坊内的城隍庙遗址，原为唐贞元年间进士欧阳詹的家庙。其正称为“欧阳西门祠”，老百姓俗称“不二祠”。到唐五代，晋江王留从效在“不二祠”旁建家宅。周显德三年（956年）留氏献宅为寺，初名报惠寺，后改封崇寺，俗称北藏寺。宋景德年间，陈洪佑为其兄陈洪进（五代时任清源节度使）祈寿，舍寺旁三施田，扩建殿宇，改名资寿寺。明嘉靖年间，又将这座佛刹改为府城隍庙。清代以后，资寿寺与城隍庙混称。1941年春，近代高僧弘一法师在此地宣讲《地藏菩萨之灵感》。

综上所述，我们完全可以这么说：土生土长于中国大地的城隍信仰，必然要在社会发展历程中带上宗教信仰的特点。三教合一是我国宗教信仰的样态，在城隍庙里配祀儒教、道教、佛教的神祇，乃至妈祖娘娘、关帝爷、文昌神等等神祇，全都寄托着人们祈求美好的宗教心理、信仰文化。

第二章 城隍信仰的演化

第一节 城隍信仰文化的时代特征

我们已经知道，城隍的说法原本出自“城池”。城谓之“城垣”，池谓之“城河”。旧时，都邑四周都有城垣及护城河，以资防守。城池，原指城墙和护城河，由城隍和城郭组成，包括城墙、城壕、月城、城门、城楼等部分。城池在古代，也可以泛指城市，又称城郭，是中国、韩国等东亚国家古代的军事防御建筑。

筑城是东亚国家的传统，与欧洲国家相比，东亚国家的城郭规模一般较大，而且城池还分不同等级，可以与府级、县级、厅级、堡级等级别对等。一般来说，层级越高，城池规模也越大，所配置的官方建筑也依据等级而不同。

城墙是城市的主要防线，也界定出城市的范围。于是，城墙的建筑便成为一座城池的首要大事。建城墙的材料，早先大多采取就地取材，最初多以竹、木、栅为主，发展到一定程度后，改为土、石或砖等材料为墙，建于城门之上，有单重檐和多重檐，以便守城将领登城瞭望敌情和指挥作战。城墙上还筑有“女墙”。

“女墙”也称“女儿墙”，现在还常用于一般性的楼房建筑。在古代，它是外墙垣上的矮墙，高约五尺，大致与士兵身高相等，中有射孔，亦称雉堞。城池通常在城墙的险要处或转角处设置炮台，以增加防卫性。

在城内的基本设施与建设，有官衙、市街、庙宇、学校等等。城内道路以联结各向城门的街道为主。其中的庙宇，多以文庙（祭祀文昌帝或孔子，是为儒教之庙宇）、武庙（祭祀关公、岳飞等历史名将或其他人格化的神灵，是为道教之庙宇）、城隍庙（祭祀城隍爷，是为城市的守护神）为主。

前面我们说过，城隍本是源自对传统建筑的敬畏与崇拜。而其实，传统建筑是中国乃至世界所有宗教寺庙的精神文化的根。同时，任何宗教信仰，其精神文化体现于庙宇建筑之中的，无不带着民族文化的特征，打上时代的烙印。

我们且以传入中国的佛教为例。佛塔是佛教建筑最具代表性的建筑之一。佛塔原是印度梵文“窣堵波”的音译，也可称为“浮屠”。佛塔最早用来供奉和安置佛舍利、经卷和各种法器法物。我国的上万座佛塔，是古代高层建筑的代表，其用料之精良，结构之巧妙，技艺之高超，类型之丰富，远远超出当时引进佛教的帝王将相文人墨客的想象。其中以佛塔的建筑式样为例，佛塔一经传入中国，就受我国古建筑类型的楼阁式建筑的影响，而成为佛塔建筑的主要式样。楼阁，是我国历史上非常重要的一种古建筑类型，早在佛教传入之前，中国的楼阁建筑已经相当普遍，其结构、工艺等方面也都十分成熟。而所谓楼阁式佛塔，则是模仿楼阁的造型，将塔建成多层楼阁，内部设有楼梯和楼层，可以攀登，每一层外部设塔门和塔窗，相邻的两层之间的外部还专设腰檐，以加强美感。

楼阁式佛塔看似只在宗教建筑上使佛教带上中国的特点，但是，形式决定内容，佛塔建筑很快地以文昌塔、风水塔、名胜塔建筑等文化元素，被兼容进佛寺，从而让原本充满西亚风格的佛教，自然而然地带上中国的特色、打上时代的烙印。

关于城隍信仰，福建省有的地方志书上写道："凡郡邑城隍，皆与风云雷雨山川并坛而祭。"《五礼通考》上写道："功施于民则祀之，能御灾捍患则祀之。"据此可知，城隍信仰带有人文崇拜的内容。譬如福州祀周苛为城隍神，周苛为西汉御史大夫，守荥阳，为项羽所烹。泉州祀韩国华、韩琦父子，苏州祀春申君，杭州祀文天祥，上海祀清末爱国将领陈化成（同安人），南宁祀苏缄（北宋泉州人，在南宁任知州，时交趾入侵，苏缄率兵奋力抵抗，固守四十二日，粮尽泉涸，外无援兵而城陷，全家三十余口自焚殉难）。这些人被奉为地方冥官，在人们的神灵取向上具有审理疑案，捉贼捕盗，退兵却敌的职能，是我国鬼神崇拜的一个重要分支。

在中国的大地上，不但县、州、府有城隍庙之设，在国都也有城隍庙之设。《集说诠真》道："城隍之神，与社稷同，最得古意。"《五礼通考》云："其祀与社稷同义。"城隍神由城池之神而跃升为国家的守护神。到了宋代，祭城隍神被列入王朝祀典，明显地被视为是"国家级"的神明，而不是一般的"地方神"。可以这么说，商品经济的出现，城市的形成，市民阶层的兴起，为城隍信仰的传播提供了前提条件，因为城隍的信仰群体是城市居民。

民国以后，闽南各地城隍的祭祀活动多改为民间的庙祭和城隍神出巡的庙会。一般都选在城隍爷的诞辰举办，并邀请地方首长担任主祭官，同时举行绕境出巡。闽南的城隍神绕境活动，曾在较长的时间里被取消，但在台湾地区，仍保留了城隍爷出巡绕境的活动，其规模十分盛大。金门每年农历四月十二日的城隍爷

绕境活动已成为每年最盛大的民间祭祀活动。城隍爷出巡的队伍包括报马仔、地方长老、开路的路关牌、大旗令号、开路大鼓、七爷、八爷、执事牌（肃静、回避、敕封显佑伯）、差役、凉伞、炉主及神明轿班，浩浩荡荡好不热闹。

为城隍爷开路

城隍信仰所蕴含的文化内涵，主要是传统社会的道德教化。利用城隍信仰告诫世人，尤其是执掌一方百姓生死的官吏，“举头三尺有神明”“你知、我知、天知、地知”，使人时时心怀敬畏之心，劝善戒恶。近年来，民间信仰的风行，也体现出人民大众对传统道德教化的反思与回归。

闽南民间信仰充满了智慧，把道德教化寓于各种引人入胜的仪式之中。这也是值得今人学习的。轻率地给民间信仰扣上“封建迷信”的大帽子，可以说是对中华文化的无知。

当然，从传统社会中产生的城隍信仰，不可避免地会有一些不适应当今社会的东西。这就需要我们认真地去学习、了解，在传承中“取其精华，去其糟粕”，以创新的理念、当代的思维，不断“增加文化内涵，减少迷信色彩”，使之为构建和谐社会，为中华文化的传承创新、繁荣发展有所贡献。这也是我们今天推动城隍文化传承的主要目的。

从城隍信仰与城池或城防的关系中，可以看出每个城隍庙都有与这座城相应的城市级别，以及这座庙所供奉的城隍爷大体所属的官阶、等级。当这种规律成为官方定规之后，城隍庙里供奉的城隍神便成为人们不但看得出外部形象，而且还大体分得出品级的城隍爷。其中，最重要的一点，便是让城隍爷的衣冠带着时代的密码，主要的手段之一便是透过城隍爷的冠冕，分辨出城隍爷所在的朝代。不过这种分辨，大多也只是简单化地通过官帽的帽翅来进行分辨。

冠冕，也叫官帽。在秦汉以前，没有“帽”这个字，古人将冠冕、头饰统称为“元服”，那是因为“元”有“头”的意思。最初，人们在日常生活中是披头散发的，到后来才开始束发。男子束发通常用“簪”，女子束发用“笄”。最初的笄由针演变而来，有骨、木、牙、铜等各种材质，后来演变为钗和簪。古代女子十五而笄，表示已经成年可以婚配，后来人们就用“及笄”来代表成年待嫁的女子。从出土文物上可以看出，差不多在商代，男子头上就已经出现了冠。与今天的帽子不同，古代的冠通常仅仅覆盖一部分头顶，更多的是一种礼仪上的要求。所谓“二十而冠”，指的就是男子年及二十即行冠礼，表示正式成人。冠的使用一直沿用到封建时代的结束，其间出现了各种各样的冠式，其中皇帝重臣朝会或祭祀时所戴的冠，又称为“冕”。

“冠”“冕”或称官帽，真正成为官吏的制帽，出现在东晋。据载，东晋成帝咸和九年（334 年），成帝让在宫廷中做事的官

员戴一种用黑纱制作而成的帽子，这种帽子一经出现，就被称为“乌纱帽”。不过，在“乌纱帽”刚出现的东晋时期，朝野不分官员与百姓都可以佩戴，最多就是随着时间的推进而分出官员与百姓的帽子颜色。到唐代，乌纱帽被定为官帽。《唐书·服制》记载：“乌纱帽者，视朝及宴见宾客之服也。”从此，乌纱帽不但与官吏等级挂了勾，成为官员专用的帽子并作为官吏的代称，还成为官场文化的重要符号。乌纱帽起初是用藤编织，以草茎为里，纱为表，再涂上漆，又在纱帽上“平施两脚，以铁为之”，也就是在帽子两侧伸出两只帽翅。

宋代官帽的一大特色，就是长长的帽翅。据说它的发明者是大宋开国皇帝赵匡胤。传说有一天上朝，皇帝正听取大臣的奏章，却发现两侧有官员在窃窃私语。赵匡胤心中不免恼火，但也不露声色。退朝后，他想了个办法，于是传旨，在所有属官的乌纱帽两侧分别加上长翅。长翅用铁片、竹篾做骨架，每顶帽子两边的铁翅都有一尺多长，而且后来这种长翅竟愈发加长。

明朝官帽两端是平翅，不像宋朝的乌沙两翼的帽翅那么长。而到了清代，官帽则分礼帽与便帽两种。便帽就是平时公务之外所戴，而礼帽俗称“大帽子”，其制有二式：一为冬天所戴，名为暖帽；一为夏天所戴，名为凉帽。清代官帽最大的讲究，是在礼帽的最高部分装有顶珠。顶珠是区别官职的重要标志，按照清朝礼仪，一品官帽顶珠用红宝石，二品官帽用珊瑚，三品官帽用蓝宝石，四品官帽用青金石，五品官帽用水晶，六品官帽用砗磲，七品官帽用素金，八品官帽用阴文镂花金，九品官帽用阳文镂花金。顶上无珠，即无品级。

应该说，在今天尚存的城隍庙里，我们能够对城隍爷形象加以辨别的，大多也只能依据城隍爷头上所戴的“官帽”：大体通过帽翅的形状做出基本的朝代判断。不过这种判断，更多的还是

城隍夫人（马巷城隍庙）

通过舞台戏曲、影视剧形象等方面所掌握的某些符号信息。因为，作为戏曲舞台“行头”的官帽，往往在帽翅的设计制作方面，加上了许多基于美观以及使官员更具威严的设计，而这样的设计，则更容易被既需要美观更需要表现威严的城隍爷所采用。

总之，伴随着朝代更迭、时代变迁，城隍信仰也随着历史社会文化的变化与发展，必然地打上时代的烙印。

第二节　吏治与安民：城隍信仰中的统治思想

随着历史不断推进，朝代更迭，社会、经济、文化乃至民俗的发展与更新，封建社会各朝代的统治者对于城隍的认识也在一定程度上有所差异。在这方面，明太祖朱元璋是对城隍给予最高礼遇的帝王。

朱元璋建立明朝伊始，即于洪武二年（1369 年）正月封京都及天下城隍。朱元璋还对中书及礼官说：“城隍神历代所祀，宜新封爵。”于是，封京都城隍为“承天监国司民升福明灵王”，封开封城隍为“显圣王”，封临濠城隍为“贞佑王”，封和州城隍为“灵护王”，封滁州城隍为“灵佑王”，秩正一品。这就是说，这六位城隍爷是除了皇帝以外在百官中级别最高，与太师、太傅、“三公”和左右丞相平起平坐。朱元璋还命令全国各藩国的亲王要亲自主祭所在地的城隍神。朱元璋还封各府城隍为“鉴察司民城隍威灵公”，官级为正二品，与吏、户、礼、兵、刑、工六部尚书平级。各州城隍为“灵佑侯”，秩正三品，与六部左右侍郎平级。县城隍为“显佑伯”，秩正四品，与都察院的佥都御史、大理寺的左右少卿平级。

朱元璋如此抬举城隍，自有他的道理。朱元璋曾对大学士宋濂说过：“朕立城隍，使人知畏，人有所畏，则不也妄为。”说穿了，就是大肆鼓吹神鬼的威力，为的是威慑臣民，使城隍信仰直接为其统治所用。

朱元璋还是亲自制定酷刑严惩贪官污吏的帝王之一。贫苦出身的朱元璋对贪官污吏深恶痛绝。还在刚参加起义时，朱元璋就曾发誓，一旦起义成功当了皇帝，就绝不饶恕贪官。建立明王朝后，朱元璋昭告天下：“奉天承运，为惜民命，罪犯官吏贪赃满六十两者，一律处死，决不宽贷。”还规定，若是御史督抚犯赃，加二等罪；官吏犯赃，除名罢吏，永不再用；仓库钱粮监守自盗者，在其右臂刺“盗官钱粮”字样，耻辱终身；贪污六十两以上者，斩首示众，头颅挂于竿上示众，再剥下人皮，塞上稻草，摆在衙门公堂一旁，用以警告后任官员。朱元璋钦定的贪污范围很严格，包括收受一件衣服都会受到惩罚。其惩罚方式各种各样，而且非常严酷，诸如挑脚筋、剁手指、削膝盖、砍脚、凌迟、斩首、腰斩、阉割等等，五花八门，极为严酷。

朱元璋的另一个传世杰作，是把汉字中的“一二三四五六七八九十百千”改为“壹贰叁肆伍陆柒捌玖拾佰仟”。这么改的目的，是杜绝财务官员篡改数字的伎俩，从而有效地堵住了账目管理的漏洞。这一项改革成果，直到今天还运用于我国各行各业的财务以及银行、税务部门等。

应该说，朱元璋关于吏治的许多想法乃至于酷刑，与其大肆分封城隍并把城隍神打造成阴间的长官有着密切的关系。有人说，朱元璋彰显人间君主权威大肆分封城隍的举动，与他从小常住在土地庙、城隍庙有关。这种说法，应是带有某种附会，抑或是种简单推测。倒是某些正史说穿了朱元璋的用心，指出他有意让城隍“鉴察民之善恶而祸福之，俾幽明不得幸免”。这反映了作为帝王的朱元璋，总想着防止腐败、端正风俗的用心。这里面，既关乎官场吏治，又连接民间的民风与习俗。

把城隍庙当作阴曹地府，把城隍神塑造成一方土地的阴间长官，意在说明，因处在暗处的原因，阳间之人的一举一动都被看得清清楚楚、记得明明白白。行善的人即使不说，城隍神也会予以褒扬，作恶的人百般掩饰，也难逃城隍神的惩罚。所以，城隍庙里往往有一些以警语对联形式表达的话语，如：“做个好人，心在身安魂梦稳，行些善事，天知地鉴鬼神钦”；“阳世三间，积善作恶皆由你，古往今来，阴曹地府放过谁”；“你哄你我不哄你，人亏人天岂亏人”；“阴报阳报，迟报速报，终须有报，天知地知，人知鬼知，何谓无知”；“莫光光磕磕头去，要细细问问心来”；“隐处也难逃洞鉴，入门各自检平生”等等。有的城隍庙还以“你来了么”作为大横匾，高挂于背阴处，以使所有到城隍庙的信众，出城隍庙时都无一例外地看见这四个字，这话是意在提醒人们：检点过自己了吧。所有警语，不论白话还是文言，都把信众置于冥界语境，以警示去恶行善，治国安邦。

随着明清两朝商业化、都市化的发展，城隍神从原先的城市保护神，逐渐演化为阳间长官的象征，实为一方土地的阴间长官，除了保国佑民，还多了管理鬼魂、监察功过、剪恶除凶、判定生死，以及赐人福寿的“职责”。除了这些，城隍爷还是老百姓心中非同小可的神灵，被百姓信奉，主要是因为它解决的都是

老百姓基本的生活问题，诸如治病、镇疫、求雨、申冤等等。老百姓一有困难就来相求，常来常往之间，城隍庙成了一个民间集会的场所。庙会期间，百戏杂陈，摊棚林立，商贩云集，热闹非凡，这里提供给人们的，是基于宗教信仰的应有尽有的民心所求。可以想见，这个时候的城隍庙，不仅是可以上香拜祭、祈福许愿的信俗圣地，还是可以尽情消费、看戏取乐之所，自然成为人们的精神家园。

历代封建统治者之所以重视城隍信仰，其重要原因之一就是要标榜睦民宗旨和吏治精神。如统治者要求各地地方官吏，都能像当地祀奉的城隍神那样，做一个循吏良牧，发挥御灾捍患、护国佑民的作用，保一方平安，利国计民生。

封建社会城隍神的“职守”，被历代明确为“职司阴教，泽庇生民”，对其信仰的功利目的，在于祈求神灵保佑风调雨顺，调和福祸善恶，使在任官员图治于昭昭之宇，而城隍神则辅治于冥冥之中。这样的宗旨，彰显了统治者倡导的吏治精神。因为毕竟城隍神多是生前在地方卓有治理成绩，或是颇有美德之辈，一般都是深受百姓敬仰的官员，他们在安定地方、兴利除弊、御灾捍患等方面作过突出贡献，应是现任地方官学习的榜样。统治者当然清楚，吏治好坏，直接关系到政权稳定以及地方安定。让历任的官员以他们前辈中的循吏为榜样，也在一方做出让百姓认可的功绩，自然是统治者最为希冀的事。所以，古代朝廷尤其是明朝严格规定，新官到任，必须先行到庙祭告，参拜神灵，而后履职视事。这时候所需的祭文、祭品等，还必须由新任官员虔诚自备，另外，官员还得“斋戒谨肃，毋稍怠慢”。

而老百姓，则希望借助已被封为城隍爷的前世名臣的英魂威灵，能在冥冥之中继续发挥护国佑民的作用，保佑地方五谷丰登、国泰民安，或者警醒现任官员忠于职守，保国安民。这诉求，不但实现了朝廷与民间在精神上的不谋而合，还在宗教信仰与心理依归上实现了合流。

城隍神祇

从城隍信仰衍生与发展的漫长岁月中，我们大体能从中看出一种宗教文化的脉络。城隍神是封建社会官民同奉的少数地方神祇之一。城隍信仰之所以生生不息、香火不断，其原因固然有许多，但其中的一条至关重要，即它被赋予寄托统治阶级的吏治与安民的统治思想，使官方意志与民间信俗相互融合，成为中国民间多神祇信仰中的一个重要信俗。

第三章　闽南城隍信仰

第一节　城隍信仰在福建

我们知道，任何文化的产生与发展，都与经济、社会发展状况息息相关，作为宗教文化的城隍信仰更是如此。而我们在研究城隍信仰的时候，还应明白一点：城隍信仰的产生与发展，除了与地方经济、社会人文关系密切之外，还与地方的行政建制、军事体制分不开。这是因为，一方面，城隍信仰是伴随军事意义上的城池建设与保卫产生与发展的，另一方面，随着朝代更迭尤其是当历史进入城隍庙建设“黄金时代”的明代后，所有府、州、县的治所，全都有了级别相应的城隍了。

到清末，福建共设有九府两州五十八县两厅。省与府之间，还设有四个分道作为派出机构：宁福道驻福州，辖福州府、福宁府；兴泉永道驻厦门，辖兴化府、泉州府、永春州；汀漳龙道驻漳州，辖汀州府、漳州府、龙岩州；延建邵道驻南平，辖延平府、建宁府、邵武府。此外，清代在福建设置闽浙总督（驻福州或杭州）和福建巡抚。督、抚原属临时设置，可是后来一直没有取消。由于督、抚权力很大，成为全省最高军事、民政长官，原来正式的省一级长官——布政使、按察使，反而成了属官。另外，清朝还设置管领满洲驻防旗兵的镇守将军，原来和地方行政无关，但却兼管海关和粮储道、盐法道等，遂也成了省级官员。

福州市文化学者张传兴先生在《福建各地城隍庙兴建历史》一文（载《闽台城隍文化》）中，对福建各地各级城隍庙的兴建历史作了较为完整的介绍。笔者对该文所列城隍庙做了个统计，共有各级城隍庙六十八座。这才发觉，与上述清末福建府州县厅行政机构总数极为接近。九府两州五十八县两厅，若扣除两厅，府、州、县共有六十九个（包括治所设于同地的府与县）。张先生所列城隍庙，正是各府、州、县的城隍，基本不包括因军事上的建城而建的城隍庙。因此可以说，张先生所列出的六十八座城隍庙，已然成为福建迄今为止关于城隍庙的最为详尽的文史资料之一。

其实，清代末期福建地方行政建制的九府两州五十八县，与明代的设置相差无几。明代的福建，共有八府（福州、兴化、建宁、延平、汀州、邵武、泉州、漳州）一州（福宁州，辖宁德、福安两县），共设县五十九个，与后来的清代相比，除个把县份在增减、名称、辖区等方面有变动外，其他基本保持稳定。有所不同的是，明代共设八府，清代设九府，多出个福宁府，明代福宁设州；清代设永春州和龙岩州，而明代这两地都设县。

值得一提的是，清代福建设了两个厅，一个马巷厅，另一个应是海防厅（又称台厦厅）。这里重点说说马巷厅。清代所谓的厅，是一种地方基层行政机构，级别大体上分为两种，一种是直隶厅，级别与府相近，直属省布政使司管辖，其长官往往为知府的副手，也称同知，或者称通判。另一种厅是普通厅，与县同级，长官称通判，也有称同知的，但为知县的副手。马巷又名舫山、马家巷、马厝巷，是闽南四大古镇之一，为厦门东北部的一个千年古镇，位于同安县东南部。“自宋以降，商业繁荣，而明清尤甚”，清乾隆三十九年（1774 年），设立“散厅”，称马巷厅，范围大致相当于今天翔安区的地域。不过清代的马巷厅，管辖范围还包括金门岛。据《泉州府马巷厅志》载，同安县系边海要区，“其辖二百四十七保，沿袤三百七十余里，其幅员之辽阔、政务之殷繁，甲于全省，素称难治”，特别是“翔风、民安、同禾三里，共五十八保，多属大姓聚居，每恃离城窎远逞强不法，知县一官，鞭长莫及，查察难周”。因此，官府上报朝廷，决定将翔风、民安、同禾三个里从同安县析出，并含金门岛，置马巷厅。从此，马巷不仅平添一个县级衙门，还衍生出马巷厅城隍庙。

关于马巷城隍庙，待下一节讲述，这里想先谈谈一个人们往往并不在意的细节。这个细节，便是清代的军事体制设置。因为它一般都在行政建制之外，所以我们在考究地方行政建制的时候，往往因为把军事体制设置视为“那是军队的事”，因而将之置于行政建制之外。其实，有些地方之所以有两座城隍庙，其中一座的建造，往往是因为军事建制的原因。比如在今天的龙海市，有一座海澄县城隍庙，因明嘉靖四十四年（1571 年）设置的海澄县（县治驻于月港）而建；而位于龙海市隆教畲族乡镇海村的镇海卫城隍庙，则因明正统十三年（1448 年）所设军事机构镇海卫而建。石狮市也有一座石狮城隍庙和另一座永宁卫城隍庙。在古代，有城就有城隍庙，城隍是城池的守护神。石狮的永宁卫城隍庙建于明洪武二十年（1387 年），位于石狮永宁南门与小东门之间，现为省级文物保护单位。我们认为，正是某些行政建制之外的军事设置，才衍生了与府、州、县衙门相应等级城隍庙之外的某些城隍庙，甚至发生了离奇曲折、跌宕起伏的城隍神故事。

据有关史料载，福建城隍庙建造年代最早的是福州府城隍庙，也就是今天的福建都城隍庙，建于西晋太康三年（282 年），位于福州城东越王山。始建之后历代都有重建或扩建。直至明初，明太祖朱元璋尤其重视城隍，对全国所有城隍，府、州、县的城隍分别加封“公”“侯”“伯”。洪武二年（1369 年），福州城隍受封监察司民威灵公，洪武十七年（1384 年）改称福州府城隍。清承明制，对城隍的重视没有消减。雍正年间，福州府城隍改称福建都城隍，从此该名称沿用至今。我们知道，城隍信仰是以地域性作为建庙立祀为特性的，所以不好把福建都城隍说成是福建各地城隍的“头领”之类，但就其作为福建最早的城隍庙，便没理由在谈福建城隍时，不把它排在首位。

福州府所辖十邑，其中的闽县与侯官二县的城隍庙，建庙时间与福州府城隍即福建都城隍庙同时，其余八县因设置县治时间等原因，依建庙时间先后有：闽清县城隍庙（宋建隆二年，961 年），古田县城隍庙（宋景德元年，1004 年），福清县城隍庙（北宋康定元年，1040 年），连江县城隍庙（南宋乾道九年，1173 年），长乐县城隍庙（始建于宋代，于明洪武十四年即 1381 年由长乐知县邱宗亮将其搬迁至县城东门外），平潭县城隍庙（明嘉靖元年，1522 年），永泰县城隍庙（清乾隆五十年，1785 年），罗源县城隍庙（清乾隆五十年，1785 年）。在福建都城隍庙以及福州十县城隍庙中，除了福建都城隍庙与闽县城隍庙、侯官县城隍庙同期建于西晋太康三年（282 年）外，其余八座都建于宋以及明、清。

除了福州府所辖十邑的城隍庙之外，其余五十七座府、州、县的城隍庙的兴建历史经笔者分类、统计后发现：有两座建在宋代之前。它们是（以兴建年代早晚为序）汀州府城隍庙（建于唐大历元年，766 年），安溪县城隍庙（建于五代十国南唐保大元

年，943 年）。其余五十五座，全建于宋、元、明、清。

且把上述福建六十八座城隍庙做个简单分类，除了五座最早建的福建都城隍庙、闽县城隍庙、侯官县城隍庙、汀州城隍庙、安溪县城隍庙（占总数 68 座的 7.3%）之外，我们暂把其余的六十三座按宋、元、明、清朝代划分统计：建于宋（两宋）的十九座（占比 28%），建于元代的两座（占比 2.9%），建于明代的二十九座（占比 42.7%），建于清代的十三座（占比 19.1%）。

做这样的分类统计，只是想借此再次说明城隍信仰的发展，除了仰赖经济社会的发展之外，官方的主张与扶持是最大也是最重要的推动力量。在这一点上，我们可以不加怀疑地说，作为行政建制的省、府、州、县已全"配备"了相应级别的城隍庙。

不过，作为城池守护者的城隍，依然要伴随历代各类军事建设需求应运而生，而这一类的城隍庙，并未统计在省、府、州、县各级的城隍庙中。本书叙述的主体对象——厦门市集美区后溪镇城内霞城城隍庙，就属于这一类。

第二节　厦门城隍信仰与城隍庙

提起厦门，人们往往会说，厦门是个近代之前属同安县管辖的小海岛或小渔村，或者说，厦门自古为归属泉州府管辖的同安县下面的嘉禾里。这些说法都没错。不过，以唯物史观审视和看待一个地域，是绝对要用发展变化的眼光。在这一点上，清代就有两位明君做到了，他们是清圣祖康熙帝（爱新觉罗·玄烨）和清世宗雍正帝（爱新觉罗·胤禛）。说到此，目的是想对厦门的地理位置之重要做个补充。

地方的区位优势或地理之重要性，一般体现在行政机构和军事机构上。在军事上，清代的厦门尤其是在收复台湾前后，无疑是沿海重镇。施琅作为福建水师提督，实乃一品大员督阵厦门。康熙帝的这一举措，凸显了厦门的重要，只不过，施琅所处的官职属于兵部管辖，不在行政序列。另外，康熙二十三年（1684年），康熙帝有个关乎行政建制与军事体制方面的大动作，那就是从兴泉道管辖下设置台厦兵备道，专门管理厦门与台湾的军事。接着在两年后的康熙二十五年（1686年），泉州府海防同知从泉州府改驻厦门。这个行政管辖建制的变动，意味着自古没有县级或以上衙门的厦门，有了一个级别为“泉州府海防同知”驻地的衙门，若按字面理解，这个“同知”应是泉州知府管理海防事务的副手。

顾名思义，台厦兵备道就是军事体制的设置。但是，到了雍正五年（1727年），雍正帝取消了台厦兵备道，而将驻在晋江县的兴泉兵备道衙门再次移驻厦门。这一次设置于厦门的是“兴泉兵备道”，而不是先前康熙帝所设的台厦兵备道。这个变更的历史依据是《世宗实录》卷五十三，其中载明：雍正五年（1727年），徙兴泉道道治于泉州府属同安县嘉禾里（即厦门）。同时，并改行政设置上的台厦道为台湾道。此项政令比起之前，最大的差别是台湾与福建开始分治而设置机构，另一方面“台湾道”的衙门也从厦门移至台南县。

而在行政体制方面，上面提到过的“兴泉永道驻地在厦门”一事，应是对厦门此前一直是作为隶属同安县的行政建构的一次重要改变。兴泉永道是清代福建省的一个行政管辖建制，但它的前身应是兴泉道。这个话题，不但关系康熙帝与雍正帝，还得从明代说起。明朝时期，福建就设兴泉道，管辖兴化府与泉州府，道治驻在兴化府城，到明末（南明初期）废除。康熙九年（1670年），恢复设置兴泉道，仍然管辖兴化府与泉州府，道治也仍然驻在兴化府城。

雍正时期，还有个更大的行政设置变动。在雍正十二年（1734年）6月，升泉州府永春县为永春直隶州，属兴泉道管辖并改道名为兴泉永道（《世宗实录》卷一四三）。从此直至清末，福建的兴泉永道一直领二府（兴化府、泉州府）一州（永春州），而且其道治驻地一直是设在厦门。看来，历史上连县治都不曾有过的厦门，却设置过大致相当于“副省级”的衙门，而且时间还不短，总共约有一百八十年。

据周凯《厦门志》记载：厦门在清朝才开始称“厦门”，明代为“中左所”，在明初建城。据《鹭江志》中薛起凤的《总论》说：“其为泉之门户，故曰门也……此则鹭城之大概也。”可见直到三百多年前，厦门城还称鹭城，在《鹭江志》中，有鹭城、鹭岛、鹭江、鹭门之城等称法。原因为厦门岛形似鹭，或古代为白鹭栖息之地。民间传说：厦门是泉州府的对外门户，因在泉州南方（即下方），故称“下门”，雅称为“厦门”，这事应来自明代的卫所建制。那么，也许可以说“厦门”作为地名，该是从明代建“中左所”（即嘉禾所）开始。

整个明代，福建全省设有两个省级最高军事指挥机构“福建都司”（一个设于福州府，一个设于建宁府）、十七个卫、二十个千户所。最早的厦门城，就是属治所位于晋江县的永宁卫管辖的中左守御千户所，位于同安县嘉禾屿（即厦门）。

在周凯所修的《厦门志》的序中曾记载：“厦门，宋曰嘉禾屿，明曰中左所，同安县十一里的一里耳。”又卷二载：“宋为嘉禾屿，属泉州府同安县。宋名嘉禾里，以产嘉禾得名，统绥德乡二十一都、二十二都、二十三都、二十四都。离（同安）县城六十里，水程七十里，在县南海中，广袤五十里。元因之，立千户所……洪武元年（1368年），定自京师至郡县皆立卫、所。是年，汤和克福州，闽地悉平，泉州置卫指挥使，领左、右、中、前、后五千户所，隶福建都指挥使司。二十年，江夏侯周德兴经略福建，抽三丁之一为沿海戍兵防倭，置卫所当要害处，城水澳为永宁所，领左、右、中、前、后五千户所。又复设守御千户所，城厦门，移永宁卫中、左二所兵戍守，为中左所，设守御千户所，亦隶福建都指挥使。”

关于厦门城的规模，《厦门志》记载：“厦门城，在嘉禾屿。洪武二十七年（1394 年），江夏侯周德兴造。周四百二十五丈，高连女墙一丈九尺，窝铺二十有二（《鹭江志》：城阔八尺五寸，垛子四百九十六）。门四，东曰启明，西曰怀音，南曰洽德，北曰横枢。各建楼其上，徙永宁卫中左千户守官军守御。”因厦门城只占厦门岛中间一小部分，即今工人文化宫一带，为厦门岛的制高处。现尚残存一段城墙，在工人文化宫后面。

在《厦门志》卷二中曾记载：“万历三十年（1602 年），掌印千户黄銮重新所署及城。”此条系引自《鹭江志》。可见三百多年前的《鹭江志》，已知道分别千户所所署及厦门城。据李秉乾《谈此〈鹭江志〉及其文献价值》，已详细考证厦门城建于江夏侯周德兴逝世后的 1394 年。厦门市庆祝建城六百周年，也以此为准。

在《鹭江志》的附图中，厦门城的西南隅有城隍庙，《厦门志》也详细记载厦门城与厦门城隍庙的情况。《鹭江志》附有厦门全图，后为《厦门志》所沿用，但图中“鼓浪屿”三字，前者写在岛中，后者写在岛的上方，明显不同。在这图中，记城有东门、西门、南门、北门外，中间偏北有提督衙，东北有玉屏书院，东有参府，城内西南有城隍庙和关帝庙。厦门城隍庙因修建思明人民医院与厦门市邮电局大楼，已被拆毁无存。

据史料记载，元末明初，中国大陆东南沿海时常受倭寇侵犯，明政府为加强海防，建成厦门城（时称嘉禾守御中左所），与福全所（现晋江市）、崇武所（现惠安县）、金门所（现金门县）、高浦所（现厦门集美区）皆为东南沿海同一时期的防倭卫所。清康熙二十年（1685 年），福建水师提督施琅复建。据现收藏于厦门博物馆的清代道光年间的石碑表明：在明代筑厦门城时，即设厦门城城隍庙，故称厦门城城隍。据《鹭江志》和《厦门志》所附“厦门岛图”标示，在厦门城内西南隅有城隍庙和关帝庙。据《厦门志》转引《鹭江志》记载：“城隍庙，与武庙相连，祀城隍之神。”

厦门市中山路旁城隍庙巷的指路牌

清道光《厦门志》还有地图载明厦门城城隍庙位于厦门城内，约为现今古城西路一带。据当地民间口传，城隍庙正殿供奉城隍神、文武判官塑像，走廊有十二司官、牛头马面等泥塑，形象狰狞可怕。1919 年因修建马路，城隍庙前部分建筑被拆毁，留下正殿、偏殿、后殿，但破败不堪，多有乞丐、拾荒者在此栖身，成了人们口中的“乞丐营”。1945 年抗战胜利后，中华保办事处设于庙中。1970 年，厦门霞溪小学、东坪小学曾借庙作为教室。1979 年，在庙的前半部建思明区人民医院，庙的后半部连同关帝庙废地兴建了厦门市邮电局大楼。

厦门城城隍庙已在二十世纪被废，但旧有的城隍金身却流落民间，幸有城隍信仰的虔诚者及有心人将之保存、祭祀至今，并在如今的古城西路 18 号（位于中山路东段、城隍庙巷西侧），也就是明代始建厦门城城隍庙原址的附近，重建厦门城城隍庙的庙堂，并恭迎明代厦门城开基祖城隍金身，称此庙堂为厦门城城隍金身行宫。庙堂内除了主神城隍爷外，还配祀有谢将军、范将军等神明。霞溪社区居民与社会各界贤达还自发组建厦门城城隍庙理事会，并取得厦门市思明区中华街道办事处批准的“恢复厦门城城隍庙民间信仰活动场所”的批文。从此，厦门市内外络绎不绝的香客前来拜祭，使拥有六百多年历史的厦门城城隍信仰得以延续。

厦门城城隍金身行宫

现在厦门岛内的另一座城隍庙，在南华路 11-2 号（靠近厦门大学处）。龙海人吴天发因小时候生病，在龙海市城隍庙得保佑救活，他感念城隍功德，遂于 1995 年在南华路 11-2 号住宅内拨建“厦门城隍庙”，因陋就简。庙门朝向大海，上额“厦门城隍庙”，门两边有一对木板油漆对联，左为“举念奸邪任你祈求无益”，右为“存心正直见我不拜何妨”。门中绘武将门神秦叔宝与尉迟恭，左右为执拂文官或太监形象，内中为城隍坐像，系参考安溪城隍塑造，做戴冕旒帝王相，双手执笏。左右为文武判官的立像，左右壁绘有大（哥）爷、二（哥）爷像等。

位于南华路的厦门城隍庙

据厦门学者陈国强在《厦门城与厦门城隍》一文中所述，厦门岛内除上述城隍庙外，祀奉城隍者尚有大观院和万寿宫二处，只作陪祀。大观院在将军祠 37 号，原名本然寺，石大门框有对联：“入门莫道禅寺小，进步方知法界宽。”寺院为近年修建，内祀地藏王、左右陪祀吴英等神像。入大门处用玻璃龛祀文殊、普贤，中祀观音。原庙据林海瑞（时年七十二岁）介绍，此寺院已有几百年历史，近年拆建。故入门处左右祀三宝，又祀观音、韦陀、伽蓝。庙中除农历六月十九日、九月十九日为观音庆生外，十二月初六作尾敬，十二月初三团拜。有专室祀城隍像，也是新塑。

万寿宫在文灶 109 号后落，据罗培养（时年七十二岁）介绍，他祖母曾在万寿宫出家，现自己在宫内服务。1980 年，因妻宋碰治（时年七十岁）梦见城隍，故装城隍金身、城隍妈、二金身等三尊，请浮宫人塑像。故万寿宫主拜佛教神像，正厅祀如来等神像外，也陪祀城隍神像。现在宫中除农历初一、十五日附近信徒来祭拜外，以农历十月初十为城隍生日。

从以上厦门城隍信仰以及城隍庙前世今生的记述中，我们可得出关于厦门城隍信仰的几点思考。

第一，厦门城内旧有原建的城隍庙早已废弃，而现存的两处都不是原庙的重建，这大概能说明两方面的问题：一是厦门城市化进程之快；二是城隍在民间有着很深的信仰基础，哪怕是在因国家建设需要拆毁庙宇的时期，也有民间人士自发保护起自古就扎根于民心的城隍神。

第二，清代雍正十二年（1734 年）在厦门设立兴泉永道至今二百八十余年。在此，我们想再借福州张传兴先生的那篇考证文章中的一句话："厦门城隍庙，清乾隆初年（1736 年）建。"雍正十二年（1734 年）置兴泉永道，而雍正帝执政仅十三年，于 1735 年英年早逝，紧接着就是乾隆元年（1736 年），这时，兴泉永道仍在。凭一般的推测与猜想，会不会是在这一年，有人重建了原先因中左所而建的城隍庙并称之为"厦门城隍庙"呢？这种猜想基于两个原因：一是建于明洪武二十年（1387 年）的厦门城城隍庙至此已经跨越三百四十九年历史，重建已是十分正常之事。二是既有实质性运作着的兴泉永道的衙门，在重建城隍

庙时，予以扩建并更名（实际上只是一字之差）。尽管这种猜想没有任何史料的支持，但也不排除其可能性。

第三，闽南是多神灵崇拜和多神祇祭祀的地区，人们多神的祭拜，基本围绕祈求去病消灾、财富广进、拥有良缘及子嗣等。人们求神，拥有祈求之事定能发生的信念，同时会在所求之事成功之后重谢神明。尽管最初出现的城隍神似乎不管这些民间事务，但在多神灵崇拜的人们的香火中，似乎自觉地调整了职能，成了民间为数不多的多功能神祇。这一点，是城隍自产生以来，至今香火不断、信仰永续的社会背景。

现在对厦门地区的城隍庙做个简单的梳理。暂且以当今的习惯说法，且分岛内岛外按地块说。厦门岛内的城隍庙上面已基本说过，这里不再赘述。岛外本有四座城隍庙，若按建庙时间先后排序，应为：同安县城隍庙、高浦城城隍庙、后溪城内霞城城隍庙、马巷厅城隍庙。同安县城隍庙建于明嘉靖四十五年（1566 年），系由当时同安知县徐元爽所建，清乾隆年间，知县周岱明重修。然而，这座城隍庙废于二十世纪五十年代，其命运大体等同于厦门岛内原先的厦门城隍庙。

先说说马巷厅城隍庙。如前所述，马巷设厅后，行政上直属泉州府，随后便建了城隍庙，成为马巷厅建制的标志（马巷厅城隍庙始建时间若与设立马巷厅同年，应为清乾隆三十九年，即 1774 年）。民国初年，废除马巷厅，马巷等地重归同安县管辖。

新中国成立后，马巷厅城隍庙一度作为同安二中学生宿舍。1989 年由“三胞”（港澳同胞、台湾同胞、爱国侨胞）捐资重修并塑神像。庙宇为二进砖木结构，面阔三间，宽 10.75 米，总进深 24 米。前进明间为九脊筒瓦顶穿斗式结构，五檩出前后檐，中梁下枋及枋下为石构件，饰有龙凤、牡丹等浮雕，两内墙嵌砌镂空麒麟等神兽浮雕。大门石柱有光绪十三年（1887 年）以

马巷城隍庙碑记

“显佑”藏头的石刻楹联：“显戮冥诛任渠巧诈百端总难漏网，佑贤辅道鉴尔真诚一片取不善旌。”前后进中有六檩卷棚式拜亭连接，后进为七檩加前后廊，硬山顶，饰以燕尾脊。庙中除主祀城隍爷与配祀文武神明外，较为显眼的是供奉于庙堂两侧的十八司，一边九尊，每尊塑像上方都有标明某某司的文字。1993 年，马巷厅城隍庙被列入县级文保单位，2001 年被列入涉台文物名录。

在厦门岛外，随军事设置而建造的城隍庙前后有两座。先是高浦城城隍庙，是随同高浦守御千户所的设立而建的，建于明洪武二十一年（1388 年）。然而此庙也像原先的厦门城城隍庙和同安县城隍庙一样，早已废弃，目前仅留遗址，位于现集美区高浦小学校园内。

另一座城隍庙，就是我们这本书的主角，有着丰富多彩的庙宇故事的厦门市非物质文化遗产项目，位于今集美区后溪镇后溪村城内社的霞城城隍庙。据《泉州府志》载：清顺治十八年（1661 年），迁沿海居民，以垣为界。三十里以外，悉墟其地。清康熙元年（1662 年）八月，清政府在泉州府同安县仁德里十三都造城池，命其为城内，又称霞城。建成作为军事上的城池霞城后，便在霞城的南门建造霞城城隍庙。霞城城隍庙的前世，紧紧关联着清初一段非同寻常的历史——迁界禁海。而且，还关联着明清两代的两位英雄人物——郑成功、施琅。

郑成功（1624—1662 年），福建南安安平（今安海）人，出生于日本。郑成功原是南明政权的大将军，因蒙南明绍宗赐明朝“国姓”朱，世称“国姓爷”“朱成功”，又因蒙南明绍宗封“延平王”，人称“郑延平”，尊称“延平郡王”。清顺治二年（1645 年），清军攻下江南，时任都督同知的南明将领、郑成功的父亲郑芝龙投降清军。郑成功率领父亲的旧部，在中国东南沿海抗清，成为南明后期主要军事力量之一，曾一度由海路突袭，包围清江宁府（原明都南京），但终遭清军击溃，只能凭借海战优势固守海岛厦门、金门。顺治十八年（1661 年），郑成功率军数万人、大小船只数百艘横渡台湾海峡，翌年击败荷兰驻军，收复台湾，开启了郑氏集团在台湾的统治。但是仅过一年，于康熙元年（1662 年）6 月即病死。

施琅（1621—1696 年），福建晋江衙口人，明末清初军事家。原为郑芝龙和郑成功的部将，降清后被任命为清军同安副将，不久又被提升为同安总兵、福建水师提督，先后率师驻守同安、海澄、厦门，参与清军对郑氏军事集团的进攻和招抚。从清康熙三年（1664 年）开始，施琅就建议进军澎湖、台湾，以使四海归一。在因飓风所阻挡，两次进军澎湖、台湾失败后，他仍矢志统一台湾，再次上疏要求征台。他不同意清政府“迁界禁海”以控制台湾郑氏集团的消极政策，认为那不利天下一统，而且影响国家财政收入和民众营生，所以极力主张“讨平台湾”，使百姓得享太平、国家获增饷税。终于在康熙二十二年（1683 年）施琅率军渡台统一台湾。这是继郑成功收复台湾之后使中国疆土得以统一的壮举。

在郑成功与清朝政府为敌时期，清政府在沿海实行“迁界禁海”政策，明令在濒海三十里、四十里、五十里，乃至二三百里不等，设立界碑，有的还修建界墙，强制处在这些范围的沿海居民向内迁移。清顺治十三年（1656 年），禁海政策实施，清政府严令“寸板不许下海，片帆不许入口”，不但禁止渔船、商船出海捕鱼和贸易，也禁止外来船只进港停泊，沿海所有地段，周环立碑；同时沿边海岸，建立堡寨，设兵戍守，重点要塞则专门建城。

古城今犹在

就是在这样的背景下，清康熙元年（1662 年）八月，施琅来到了同安县仁德里（今集美区后溪镇）的下店社（今霞城）。朝廷下旨，由福建总兵李率泰、同安总

兵施琅等负责督造位于仁德里下店的城池，命其名为“城内”，又称“霞城”。建造霞城的同时，于南门（即临海门）内建霞城城隍庙，即为今天重建的后溪霞城城隍庙。

霞城城隍庙外景

霞城共设四个门：南门、北门、东门、西门。霞城城隍庙就建于南门，即临海门。顾名思义，临海门面海。这里虽处内地，可谓符合清政府迁界的离海三十里之标准，但有水道通向大海。据后溪民俗文化学者王坚峰先生在《别忘了，后溪以前人称后溪港》文中所述，过去这里有块石碑，是后溪港的渡碑，宽 0.76 米，高 2.24 米，厚 0.18 米，上面密密麻麻刻有几百个字，然而因长期风雨侵蚀，字迹模糊。不过从尚能辨认的文字中，能够得出从前后溪港的模样。直到大约七十年前，就是在修建集美—杏林海堤之前，“海水可以沿着后溪的溪流到达后溪的倒榕，现称中秋街（从新店、埭岸头、街路到倒榕），小潮水时，船要到新店上船，大潮水时，三支桅的大船都可以到达中秋街的倒榕”。

所谓倒榕，是一株不知何年被台风刮至倒伏在溪水中央的硕大榕树，却与溪中两块礁石相辅相成，被老人们视为村中的风水树与风水石。关于后溪港与外海的联系，王坚峰先生在文中讲道："后溪港的港路深，船随时可以开出，所以新店是海产品码头，船从后溪新店出发，只要一潮水就可以到厦门。以前，灌口、东辉、山兜、石兜等地，要到厦门、金门、台湾，包括下南洋，都从后溪港上船。有一段时间，后溪到厦门还有固定的班轮，到厦门停靠第五码头。"

临海门

原后溪港新店码头入海口

由此可见，李率泰、施琅两位军事将领当年选择这个既符合迁界禁海、又有港口通向外海的霞城建设军事基地，是很有眼光的。

清道光元年（1821 年），同安人陈金绒等奉请霞城城隍爷金身，渡海到台湾，由此有了台湾的台北霞海城隍庙，还分炉到台湾其他地区以及新加坡。从此，霞城城隍庙在中国台湾地区以及新加坡等地开始繁衍。而霞城城隍庙本身却在二十世纪五六十年代，也与厦门原先的城隍庙以及同安县城隍庙、高浦城隍庙一样，因各种原因被废弃。1958 年，霞城城隍庙被拆毁，剩余的建筑被当作仓库，信俗活动一度中断。也许，它运不该绝，当年奉请城隍爷金身去台湾的陈金绒的第六代孙，因感念祖庙恩泽，回乡寻亲谒祖，发现祖庙被废之后，在台湾乡亲信众之中广泛集资，终于在二十世纪九十年代，由两岸信众捐资，重建了今天的城内霞城城隍庙。

拱辰门

霞城城隍庙作为台北霞海城隍庙的祖庙，也是台湾其他多座城隍庙的太祖庙。

作为闽台城隍文化的主要发源地之一，集美后溪城内霞城城隍庙距今已有三百五十多年的历史。历经岁月更替，如今依然香火鼎盛。每年农历五月十三日城隍爷神诞日、农历十一月二十二日祈安日，霞城城隍庙都会举行盛大的庙会活动。庙会一般由城内德高望重的长者领头祭祀，向天公和城隍爷进香朝拜，祈求一年四季平安、五谷丰登。庙会时，不仅有厦门周围的城隍庙、闽南其他地区的城隍庙信众，还有我国台湾地区及东南亚一带的许多城隍庙信众，组团前来进香朝拜。庙会期间，五祖拳、舞龙舞狮、踩高跷、宋江阵、耍杂技、木偶戏、歌仔戏等各种闽台民间文艺表演应有尽有，可谓人山人海，盛况空前。如今，霞城城隍庙又恢复以往的鼎盛，尤以每年农历十一月二十二日的祈安日为最盛。

祈安日活动

2010 年，霞城城隍庙被列入厦门市第三批市级非物质文化遗产项目名录。2012 年，霞城城隍庙隆重举办了建庙三百五十周年庆典暨两岸城隍文化节活动，单是台湾各地城隍庙组团前来的“阵头”，人数就达七百余人，其他各地信众，更是不胜枚举。

人们通过城隍信俗活动进行的广泛交流，极大程度地促进了海峡两岸的文化认同，对传承中华文化，增进中华民族大融合具有不可忽视的作用和意义。

"霞城城隍庙庙会习俗"列入厦门市非遗名录

第三节　闽南其他地区主要城隍庙

在古代，有许多地方是同设府、县两级建制的，如泉州、漳州，就是府治、县治同城，因而同时拥有府、县两座城隍庙。同安县马巷厅没有建筑城垣，只是因清乾隆四十年（1775 年）时"武帝庙、城隍庙一时并建"。明代为了防倭，在闽南沿海设立永宁卫、中左所、镇海卫、铜山所、悬钟所等守御千户所，因为都是军事建制，必然需要筑城，于是在闽南就出现一批卫所城隍庙。其中永宁卫城隍于明嘉靖倭乱中移驾尚无建城的石狮，后又由此分灵许多地方。随着移民渡台，永宁石狮城隍香火分炉台湾彰化县鹿港等地，分灵甚多。

为说明闽南地区的城隍信仰状况，现援引连心豪先生《闽南著名城隍庙与其历史渊源》（载《闽台城隍文化》）一文等资料，对厦门之外其他闽南地区的一些城隍庙进行介绍。

（一）清溪城隍庙

清溪城隍庙即安溪县城隍庙，安溪古称清溪。清溪城隍庙建于五代后周显德三年（956 年），这是福建建庙时间较早的一座城隍庙，位于县治东（今小东街）。二十世纪四十年代初，因驻军和基建，县城隍暂奉于北街隘子头民舍，后又迁至北门桥边。1953 年，迁入东岳寺东厢。1985 年，神像至东岳寺檀樾祠奉祀。1997 年，新加坡韭菜芭城隍庙和杨桃园城隍庙捐资重建。新城隍庙与东岳寺并肩联臂，五进殿堂，顺山势递升。主体建筑重檐歇山顶，面阔五间，进深五间。正副三尊城隍神像均坐正殿，八爷、九爷伫立两旁。四殿奉祀观音，五殿奉祀三宝佛。传说清溪城隍由于保护安溪、南安、晋江、惠安、同安五县百姓免受旱、涝、风、虫、兽灾之苦，因此两次受敕封，赐金冠、黄龙袍，“敕封清溪显佑伯”字样仍存。拜亭楹联故称：“宠锡袍冠八闽第一，褒封伯爵五邑无双。”随着安溪人外迁，清溪城隍香火被带到各地。据不完全统计，闽南的泉州、晋江、石狮、南安等地有清溪城隍分炉七十余处。

清道光十二年（1832 年），经商泉州的安溪人又在南门建立一座城隍庙。“我安邑僻处山陬，五谷货物，全赖桐城买运，以资民用，居贾行商，概不乏人，皆住泉南土地后绣壤之所。爰集同帮，并伸立盟。天上圣母、显佑伯主，聿新神像，威光普照。道途来往之平安，唯资伯主；舟楫流通之吉庆，咸赖天妃。……道光十二年，佥议依土地后渡头，就公行所建作庙宇……奉迎天

上圣母进后殿，显佑伯进中殿，同心虔祀。镇浯江之名区，收清溪之活水。……”此庙应为清溪城隍庙分炉。

我国台湾清溪城隍分炉达两百余处，其中尤以中寮、南投两处最为出名。新加坡的韭菜芭、杨桃园安溪城隍庙颇具规模，文莱、马来西亚及香港等地也有清溪城隍分炉。

（二）永宁、石狮城隍庙

历史文化古镇永宁，现属石狮市，“东滨大海，北界祥芝、浯屿，南连深沪、福全，为泉襟裙”。宋代建永宁水寨，明洪武二十年（1387 年）设置永宁卫，始有永宁卫城隍之祀。清道光二十三年（1843 年）《重修永宁城隍庙序》称：“吾永宁卫为郡要区，名锡鳌城，地连鲤廓，都人士创建庙宇，崇奉城隍。钦神灵之赫濯，侯封宪贲六龙；壮山海之观瞻，庙貌高临五虎。”由于永宁卫地位冲要，规格较高（卫指挥使为正三品），故永宁卫城隍为“忠佑侯”。永宁卫城隍庙建筑面积一千四百零七平方米，由门楼、前殿、戏台、拜亭、后殿和左右厢房组成。后殿面阔五间，进深三间，殿前有檐楼，抬梁式构架。前殿和后殿为重檐歇山顶，余为单檐歇山顶。永宁卫城隍庙规制完备，除主祀城隍神，还模仿封建仪制，设置二十四司、衙役差官等。

明嘉靖四十一年（1562 年），倭寇入侵，永宁卫城失守，逃亡百姓背负卫城隍神像来到石狮。“安之土地祠庙中，盖暂寄居。”至明万历二十年（1592 年），信众在券内（今宽仁）兴建石狮城隍庙。石狮城隍庙建筑规模奠定于清康熙六年（1667 年），1990 年重修，坐北朝南，占地面积五百六十平方米。二进，正殿奉祀城隍，配祀广泽尊王、观音等，边殿附祀开山殿七大巡。

彰化县城隍之祀始于清雍正十一年（1733 年），鹿港属彰化县辖，却有一座奉祀“忠佑侯”的城隍庙（又名鳌亭宫，号称分府城隍），规格比彰化县城隍高。乾隆四十九年（1784 年）开放鹿港与晋江蚶江对渡，鹿港成为大陆农副土特产品的主要进出港。泉州移民源源进入鹿港，占鹿港人口八成以上，至今鹿港尚存泉州街、永宁街、铺锦巷等地名。乾隆初年，永宁高姓在鹿港开设经营土特产的“日兴行”，失窃甚多，官府无力破案。相传高姓特地回祖家奉请永宁卫城隍“忠佑侯”过水台湾断案。贼人惧怕神威，投案自首，失物如数追回，永宁卫城隍从此威震鹿港，被众商家奉为保护神。乾隆十九年（1754 年），泉郊商户凭借雄厚实力，破格在鹿港不见天街鼎建“鳌亭宫”城隍庙祀奉，门柱上镌刻著名永宁籍郊商林日茂捐题的楹联：“赫濯声灵昭鹿水，绵延香火肇鳌亭。”楹联保留至今。

鹿港城隍庙又称“分府城隍”。康熙统一台湾后，“复界”开海，晋江石狮、安海一带航运发达。于是将兴化同知移设泉州，改称“西仓同知”；在安海石井书院西边原通判厅设官署，兼管石狮、安海。雍正七年（1729 年），按旧制仍以泉州通判驻安海，西仓同知移泉州城内晋江县衙东侧，仍管理石狮一带事务。乾隆二十六年（1761 年），阳湖人黄宽任西仓同知，乾隆三十年（1765 年）移驻石狮。乾隆三十一年（1766 年）黄宽敬献的“万年炉”至今仍存石狮城隍庙内。为加强对彰化的治理，乾隆三十一年遂移西仓同知于彰化，改称台湾府北路进番同知。乾隆四十九年（1784 年），开放鹿港与晋江蚶江对渡后，鹿港兴起，号称“一府二鹿三艋舺”，仅次于台南府城，超过艋舺（今台北）而居第二。由于彰化县城离鹿港较远，鞭长莫及，不便治理，清政府决定由理番同知兼海防同知。乾隆五十年（1785 年），再兼管鹿港总捕分府，乾隆五十三年（1788 年）正式移驻鹿港。于是将原来由民间私奉的“鳌亭宫”正式纳入官方祀典，其香火与石狮城隍同源于永宁卫城隍，故称“分府城隍”。因此，永宁城隍庙、石狮城隍庙（清代称“鳌城迁建石狮城隍庙”）、鹿港城隍庙三者

一脉同根、一本同源。

随着永宁、石狮移民大量前往鹿港谋生，石狮城隍信仰陆续传播到台南、台中、嘉义等地。光绪年间，王年以把石狮城隍香火带到台南。其后裔将祖宅改建成“忠泽堂”，供奉石狮城隍。后又分灵台北、台中、彰化等地。日本占领台湾时期，殖民当局借口改善交通，拆毁三山国王庙。1934 年，推行“市街改正方案”，拆除不见天街，鹿港城隍庙山川殿（拜亭门）、拜殿及左右厢房被推倒，大量文物流失。但鹿港城隍庙管理人员及四方善信依然不定期到那儿朝拜。1936 年，鹿港城隍信众冒风险组团前来石狮城隍庙进香谒祖，当年进香团使用的“香龛”至今仍保存在鹿港城隍庙，成为那段历史的见证。二十世纪九十年代以来，台南、高雄、彰化、台中等地城隍信徒先后二十余次组团来石狮祖庙进香谒祖。菲律宾马尼拉、宿务等地都有石狮城隍公庙。

（三）镇海卫城隍庙

镇海卫城隍庙位于龙海市隆教畲族乡镇海村鼓山前，面宽三间，进深三间，单檐歇山顶，主祀尚爷公。镇海卫城在旧时漳浦县二十三都，太武山之南，鸿儒江之上。镇海卫为明初福建沿海五卫之一，卫指挥使司驻镇海，驻官兵五千余人，加上地方百姓，史称“万烟”。镇海卫全盛时期，武备精良，文教发达，市廛富庶，是闽南重要的海防基地，也是闽南文教名区。

据清乾隆《镇海卫志·祀典志》：“镇海城隍庙，在卫治东北。明正统十三年（1448 年）建，顺治迁界焚毁，至康熙初卫众重建。”清初迁界镇海卫城毁弃，城隍庙同时焚毁，康熙初年重建城隍庙。康熙六年（1667 年）裁卫，镇海卫从此不复存在，但人们仍然奉祀城隍神。

城隍庙经历代修葺，分别刊有“城隍”“龙溪”“镇海”冠头联：

城卫昔时见惠，隍灵今日闻人。

龙出镇，直上千丈；溪入海，横流万方。

镇内镇外镇宇宙，海上海下海乾坤。

（四）海澄城隍庙

海澄镇原为龙溪县八、九都地，旧名月港，现属漳州龙海市。唐宋以来，为海港一大聚落。明嘉靖四十四年农历十二月（1571 年 1 月）批准设置海澄县，设县治于月港。海澄城隍庙是明清漳州月港海外交通贸易繁荣的历史见证。清乾隆年间，海澄人吴让到泰国谋生，成为宋卡城主，所建宋卡城隍庙应当为海澄城隍庙分灵。

民间传说海澄城隍十分灵验，附近漳属各县及厦门、同安马巷、金门等地均有信徒前来进香。每逢农历初一、十五日皆有祭拜活动，尤其是十月初一至初十的祝诞活动，城隍神像出巡，最为热闹。传统的城隍爷巡游队伍分四队，第一队为锣鼓队，两人合抬大锣，一人持棍敲击，乐队随行，撑凉伞与持木牌者随后，最后是各村社的北管乐队，锣鼓齐鸣，声势震人。第二队为马队，由金门、厦门、漳州、漳浦等地香客牵马而来，出租给孩童乘骑，组成马队。第三队为蜈蚣艺阵，每两人抬着一个十三四岁儿童为一组，儿童装扮成戏曲人物，衔接相随，如蜈蚣节节前行。第四队为各社选派的歌仔阵、锣鼓阵，紧接着是众多由每两人抬着老妇人的乌轿，随后是各地前来的香客。压阵的是城隍爷和城隍嬷的神辇。

清代海澄盛行送瘟神习俗，俗称送王船、送彩船，简称送船、送彩，仪式称为“送船科仪”。英国图书馆现存清乾隆三十四年（1769 年）手抄的《送彩科仪》。这是一份有关海澄送王船仪式的珍贵文献，涉及城隍信仰、道教文化、开漳圣王、五帝等司瘟诸神。《送彩科仪》内容分为“禳灾圣位”“焚香供养”“祭

拜仪式”和“尾声”等四部分。

（五）平和九峰都城隍庙

九峰城隍庙建于明正德十四年（1519 年），位于九峰古镇东门。明正德十三年（1518 年），朝廷准都察院左佥都御史王守仁奏，割南靖、漳浦二地置平和县。城隍庙建筑规格与当地官衙等同。因县治九峰地处闽、粤边界要冲，恩准县衙与文庙视同府级建制，故城隍庙规格高，称显佑伯都城隍尊神。当时平和县衙就设在都城隍庙里，人神“合署”，燮理阴阳。九峰城隍庙前后五座相连，依地势北高南低而建，坐北朝南，平面呈中字形。南北通长 73 米，东西最宽 24.4 米，总面积 1400 平方米。在中轴线上由南向北依次为牌楼（大门）、前厅（仪门）、中堂（廊屋与大殿）、后殿。两侧有回廊。前厅九檩，中堂十一檩，后殿七檩，面宽均为三间，抬梁式。九峰都城隍庙，由阳明先生亲自设计督建，第一进祀唐朝诗人王维，庙内至今仍存明清壁画四十余幅。

明清两代，城隍神均由知县主祭。民国时期，城隍神不再由官方祭祀。正月十五日，官绅民众身穿长衫马褂，手捧长香顶礼膜拜，列队游行，恭迎城隍爷出巡。沿途路祭，沿街鸣放爆竹，各乡社组织的彩旗队、锣鼓队、舞龙队、八音阵、龙队、狮队、铁技艺等随行表演。农历五月二十五日和十一月初七，分别为城隍爷、城隍嬷寿辰，年年必庆，请道士设醮、剧团演戏。每年正月初七、十九日，南靖县长教，书洋乡的曲江、塔下及高港一带群众，备办旗鼓、鞭炮、彩桥，奉迎城隍嬷金身，从百里外的南靖到九峰都城隍庙挂香，返回当地后，游村演戏隆重祭典，以佑辖境平安。闽、粤二省的郊县人一直把城隍爷、城隍嬷当作善神敬奉，台港澳同胞和海外侨胞敬仰备至。1926 年，平和官民经三年筹备，曾举办大型打醮结彩楼活动。

闽南各地城隍神同样多为历史上的忠贞英烈，苏缄、俞大猷、林希元、洪朝选、施琅、吴英、陈化成等众多闽南人或与闽南有关者（如戚继光等），被尊奉为城隍神。宋宝元进士苏缄（1016—1076 年），字宣甫，晋江人（或说同安人）。熙宁八年（1075 年），苏缄知邕州（今广西南宁），交趾（今越南）入侵，苏缄身先士卒，奋勇抵抗，率兵民守城四个月。因寡不敌众，城破，苏缄全家自焚殉国，谥“忠勇”。交趾军随后转攻桂林，忽见宋军高呼“苏城隍督兵抱怨”，从北边席卷而来，交趾军惊遁。苏缄于是被奉为邕州、桂林城隍神。明嘉靖进士、刑部侍郎、同安人洪朝选因忤逆张居正而获罪惨死狱中，身后被族人奉为厉神，派往四川为城隍。鸦片战争中英勇战死吴淞的江南提督、同安人陈化成被奉为上海城隍神。明嘉靖深沪巡检司、四川成都人汪芳山御倭身殉，遂被奉为深沪城隍神。祖籍漳州长泰的台湾农民起义领袖朱一贯，被台南小城隍庙奉为城隍爷。

2011 年底，晋江安海发现乡贤柯实卿的墓志铭，印证了安海柯氏族谱中柯实卿死后神化为安海城隍爷的记载。墓碑为绿辉岩质，长 1 米，宽约 40 厘米，由明崇祯监察御史、安海人苏琰撰文。

明嘉靖年间，闽南重镇安平（即安海）倭患频仍。晋江县令卢中佃欲筑安海城防御，得到辞官回家的柯实卿的赞成和拥护。民间传说，当时筑城缺乏石料，就近拆了东洋桥之石建筑安海城基。筑城时，柯实卿亲自上山指挥采伐木材，被人害死。安海百姓感其恩德，供奉柯实卿为安海城隍爷。

第四节　闽台城隍信仰文化

在明清以及近代，城隍信仰非常盛行。从“水庸”的自然崇拜到形成人格化城隍神的发展，反映了人们的宇宙观、宗教观的

变化。我国民间，对很多神灵的崇拜都有很深的信仰，其中就包括城隍神。台湾长期在地方行政关系上隶属福建，加上两省语言相通、文化相同，所以在城隍信仰方面也基本趋同。

明太祖朱元璋，利用宗教及民间信仰来巩固他的统治，将城隍信仰作为政治手段。他先是对不同等级的城隍给予不同封号，确定不同品级，连各级城隍的冠带服饰都有差别。洪武三年(1370 年)，他又下诏去掉城隍封号，只称某府、州、县城隍之神，又命各庙摒去其他神，定庙制。《水东日记》卷三十云："未几复降仪注，新官赴任，先必谒神与誓，期在阴阳表里，以安下民，盖凡祝祭之文、仪礼之详、悉出上意，于是城隍之重于天下……"城隍之祀列入朝廷祭典，与政治生活密切相关，正如朱元璋所说："朕设京都城隍，俾统各府、州、县之神，以监察民之善恶而祸福之。俾幽明举，不得侥幸而免。"应该说城隍信仰的发展主要是按儒家思想模式形成的，但又被作为传统文化代表的道、释二教所利用，城隍神也成为老百姓一种精神上的神权统治，各级城隍神甚至被视同于掌握着不同权力的职官。

不论是城隍信仰的源流，还是城隍神祇或是祭祀习俗等等，闽台城隍信仰文化有着千丝万缕的关系。福建城隍信仰产生较早，建于西晋武帝太康三年（282 年）的冶山城隍庙，后来成为福建都城隍庙，也是全国最先修建的城隍庙之一。宋代以后，尤其明清，福建各地陆续兴建城隍庙，其中明清两代建得最多。到清末，福建设立九府两州五十八县两厅，而全省各级城隍庙遍布，据学者张传兴先生的不完全统计，总数共有六十八座，另有许多因随军事上的卫所而建的城隍庙。由于统治者的推动，城隍崇拜无论是在官方，还是在市民阶层以及乡村民众中，都有着很高程度的崇拜。人们认为城隍神能保佑人们生活的方方面面，不但可以安邦护国，扶持社稷，还能去病消灾，降施甘泽，拯救生民，正直公忠且赏善惩恶，判生断死，管阴察阳，掌握功名宦途，寿禄子嗣等等。老百姓信仰城隍神多是为了寻求庇佑，以解决现实生活中的种种实际问题，这使得自古就有着多神灵崇拜的人们在尘世中的心理欲望得到多方面的慰藉。所以在明清以后，城隍信仰很是盛行。民间的城隍信仰活动丰富多彩，随着许多福建人移居台湾、海外，他们还将家乡城隍神的香火传播到外边，传播的方式，大多是仿塑城隍神金身，以隆重的仪式带去移居地，从而立庙祭祀。

郑成功率军驱荷收复台湾后，台湾建台南府城隍庙。康熙二十二年（1683 年）清政府设台湾府，宣告了中央政府对台湾的完全统一。次年，康熙帝下诏设台厦道，实行台湾与厦门共署，设一府三县，置台湾为一府（台湾府），府治驻在今台南，下辖台湾县（今台南）、凤山县（今高雄左营）、诸罗县（今嘉义）。台厦道隶属福建省，道治驻在厦门。随着府、州、县的增设，台湾的城隍庙相继兴建，到光绪十一年（1885 年），台湾建省，设有台南府，辖安平、嘉义、凤山、恒春四县，并辖澎湖厅；台北府辖淡水、新竹、宜兰三县，并辖南雅厅；台湾府辖台湾、彰化、云林、苗栗四县，并辖埔里社（厅），此外还设置台东直隶州。

台湾地区的城隍庙，大多都建于清代。据林胜利先生所撰的《闽台城隍信仰浅述》（载于《闽台城隍文化》）云：台南府除永历年间建的城隍庙外，嘉义县城隍庙建于康熙二十四年（1685 年），凤山县城隍庙于嘉庆十九年（1814 年）改建，恒春县亦建有城隍庙，澎湖有两处城隍庙，一为乾隆四十四年（1779 年）建，一为咸丰元年（1851 年）重建；台北府城隍庙建于光绪十四年（1888 年），淡水县城隍庙附于府城隍庙内，新竹县城隍庙建于乾隆十三年（1748 年），宜兰县城隍庙建于嘉庆十八年（1813 年）；台湾府城隍庙建于光绪十五年（1889 年），彰化县城隍庙建于雍

正十一年（1733 年），云林县城隍庙建于光绪十四年（1888 年），苗栗亦建有城隍庙。台湾除官方兴建的城隍庙外，民间由福建人传播建造的城隍庙不少。目前，全台的城隍庙据说有四五十座，还有那些陪祀的庙宇、私有的神坛难以计数。较为著名的有位于台湾台南中区清水里青年路的台湾府城隍庙，因当时台湾为福建所属的一个府治，故称之。后台湾设省，府、州、县各级长官上任必先告庙，朔望之日则到庙进香，水旱灾祸必先牒告。庙中配祀二十四司，香火旺盛。每年五月十一日城隍神诞，进香祈愿、游神赛会的人很多，十分拥挤。此庙已被台湾当局列为二级古迹。新竹城隍庙，建造于清乾隆年间，其规模为台湾最大。新竹城隍庙又称竹堑城隍庙，位于新竹市中心区，建筑古雅，香火旺盛。始建时由同安移民王世杰捐地，淡水同知曾日瑛募款兴建，光绪十七年（1891 年），光绪皇帝颁赐“金门保障”匾额，并敕封所祀城隍庙为“威灵公都城隍”。据传有位新竹知县因城隍神托梦，将流落多年的皇子护送入京，因此新竹知县受到升官褒奖，连城隍神也得到封赐。明清时的各级城隍只有京都奉祀都城隍，后来民间的城隍信仰愈演愈热，统治者对城隍神的神格控制也渐渐趋向放松，为顺应民间诉求，有的府城隍、县级城隍被尊为“都城隍”。安溪县初名清溪，其城隍庙建于后周显德三年（956 年），因此其城隍神亦称清溪城隍，至今沿用。清溪城隍的传说不少，当地人称之“水伯”。自古就有不少安溪人出外谋生，漂洋过海，多随带清溪城隍香火，祈求平安获福。明清之后，安溪城隍在台湾的分香分炉甚多，据说有两百余处。1989 年以来，已有许多台湾各地的台胞到安溪祖庙谒祖进香。

此外，新加坡等地也有奉祀安溪城隍，仅新加坡的韭菜芭、杨桃园就建有两座雄伟壮观的城隍庙，并且香火兴盛。

台湾的先民多为福建人，他们将家乡的城隍香火带至台湾的情况并不少见。如台湾的一些地方奉福州的福建都城隍庙为祖庙，1988年以后，台湾台南、南投、新竹等地台湾同胞组成的进香团到福州寻根觅祖，并捐款修复城隍庙。石狮永宁的城隍爷香火随晋江永宁商人过海到台湾的彰化、鹿港。鹿港建起的庙宇，其规制与家乡的城隍庙一样，香火再传播到台中、台南各地。几年来，台湾乡亲已数次组团到故乡谒祖，进行宗教文化交流。

台湾乡亲回乡谒祖

闽台城隍信仰同为中国传统宗教文化的组成部分，而台湾的宗教信仰多是来自祖国大陆，主要为福建、广东，但也有从台湾回传大陆的个别现象。一百多年前，晋江深沪的商人、渔民从台湾奉回保生大帝神像在深沪宝泉庵恭祀。在平潭县，有座五福庙，亦称“威灵公庙”，庙内奉祀着一尊一米左右的台湾城隍神像，其身后是一尊高约两米的“都城隍”。相传数百年内，闽台的官吏、将士、商人、船员，或商贾、渔民等每每到此都要前来叩拜，祈求庇佑。台湾城隍神像为何奉祀在福建的平潭岛呢？相传清代有军队轮流奉命渡海守卫台湾，他们的家眷担心丈夫、儿

子的安危，因而倡祀台湾城隍于平潭五福庙内以寄托对亲人的思念，祈求神明保佑。又传 1895 年台湾沦为日本殖民地，戍守台岛的官兵挥泪撤退时，特将台湾城隍神像奉送到平潭驻地，安放于平潭五福庙中，又塑福建都城隍神像于后，以示对领土台湾的缅怀，盼望台湾早日回归祖国怀抱。

先是从大陆分炉去台湾再回奉大陆的情况，还发生在厦门市集美区后溪镇的城内霞城城隍庙与台北霞海城隍庙之间。这个故事，不仅只是清道光年间陈金绒背了霞城城隍庙城隍爷的金身去台，后来他的世孙回后溪寻祖并集资重建了霞城城隍庙。这里要说的回奉祖庙的元素，是一副主楹联："霞彩临门八蜡配天赫濯，海澄启宇六龙随地封迁。"这副楹联，是否是当年由陈金绒带去台湾的初建霞城城隍庙时的对联，已经难以考证，而二十世纪九十年代重建霞城城隍庙时，用上了已有一百六十余年历史的台北霞海城隍庙（兴建于 1856 年）的主楹联。这个细节，不论从哪个角度说，都是两岸神缘的生动故事。

庙会盛况

闽台城隍文化的表现形式大同小异。封建时代的官方祭祀已成过去，但闽台的城隍信仰在社会上仍有深刻影响。劝人为善，引发人们内心自我约束的宗教思想在闽台各地城隍庙中都有所体现，如庙中各种神鬼塑像的威严、阴森可怖的神态，装饰布置神圣而庄严，庙内发人深思、通俗易懂的警世对联、匾额，比比皆是。有的城隍庙还保存着较有艺术价值的文物，如泉州城隍庙的麒麟壁、飞天等，有的庙宇则保存着两岸宗教渊源关系的佐证。闽台各地城隍庙在城隍神诞之时的祭祀活动，一般较为隆重，有的庙宇则要举行规模不等的迎神赛会，信众们将城隍神像抬出巡境游行，庙中的鬼神雕像亦被抬出，各种仪仗、乐队、文艺队伍参与游行，许许多多的信众手持香火，有的装扮鬼状或囚徒刑犯之样，身系枷锁，徒步紧随，表示赎罪，请求庇佑，祈安消灾。闽台的城隍信仰活动除祭祀斋醮外，有的还举办庙会，与当地的习俗相结合，有民俗文艺的加入，如戏曲、木偶、车鼓、十音、南音、笼吹的演出，踩高跷、跑旱船、彩阁、舞龙、舞狮、歌舞或放映电影。做买卖的、买小吃的，人山人海，摩肩接踵，鞭炮轰鸣，焰火闪烁，火树银花，着实热闹非常。

台湾地区的宗教信俗与福建省的一样，在诸信仰神中，城隍神是官民一致尊奉的。由于历史的发展，闽台各地的城隍信仰活动与以前相比有所变化，换上了新时代的特点，与民俗结合在一起。在闽台城隍信仰文化中，我们可以看到两地的城隍信仰同根同源。当闽台先民在台开拓之时，将“城隍爷”作为保护神，在艰难危险之时，人们从中求得精神慰藉，又可以寻觅故乡文化的亲切气息。如今城隍文化又成为广大台湾同胞缅怀故土的情感寄托，城隍文化也自然成为闽台两岸同胞联系兄弟情谊的一种精神纽带。

在道教俗神系统中，城隍是最主要的地方行政神，统属于玉皇大帝。台湾城隍爷的下属有：文武判官，六司（延寿司、速报

司、纠察司、奖善司、惩恶司、增禄司），牛爷马爷（门神），范、谢二将军，三十六关将，七十二地煞。有的城隍还有配偶神和子女神。如基隆市城隍庙有第一夫人、第二夫人，一太子、二太子。朝廷把城隍当作地方行政之神，有制约官吏、警戒百姓的功用。如清康熙五十三年（1714 年），新任台湾知县俞兆岳，刚到任就到县城隍神前立下三誓，说：“毋贪财，毋畏势，毋循人情。”又如诸罗知县周钟宣在《诸罗县城隍神碑记》中说：“钟宣闻之，圣人设教，明为人而幽为鬼神，理一而已。邑有令以治明也，赏善惩恶，均其赋役，平其争讼，教以孝悌忠信，邑无饥寒怨咨，善相率者，令人职也。有城隍以治幽也。”说明是利用城隍信仰维系当时的吏治、法制和道德观念。在清代，由于台湾尚属在开发的边远地区，所以当局赋予城隍更大的权威，凡天时、人事、天灾、地变，均向城隍祭告，以求神助，其目的是维护当地社会秩序。

台湾城隍庙的数量，随着城市的发展逐渐增多。据陈名实先生统计（见其《台湾城隍信仰述略》载《闽台神缘话城隍》），到 1918 年，全台湾共有城隍庙二十九座，1960 年发展到四十四座，1981 年发展到五十五座。

当前台湾较为出名的城隍庙有：

基隆市城隍庙，主神城隍爷，建于清乾隆年间，位于忠一路 7 号。

苗栗县城隍庙，主神城隍尊神，建于清光绪十五年（1889 年），位于玉苗里米市街 34 号。

台中市晋封威灵公都城隍庙，主神都城隍尊神，位于东区十甲路 13 巷 2 号。

台中市城隍庙，主神城隍尊神，建于民国十年（1921 年），位于北屯区合作街 94 巷 50 号。

丰原市丰原城隍爷庙，主神城隍，位于富春里复兴路150巷7号。

彰化市城隍庙，主神城隍爷，建于清雍正二年（1724年），位于华南里城隍巷7号。

嘉义市城隍庙，主神城隍尊神，建于清康熙二十三年（1684年），位于佑民里吴凤北路168号。

台南市城隍庙，主神城隍，位于青年路31号。台南市城隍庙，主神城隍爷，建于清乾隆十四年（1749年），位于观音街15号。

屏东市都城隍庙，主神都城隍，位于大同里南昂街12号。

宜兰市城隍庙，主神城隍，建于清嘉庆十八年（1813年），位于中山里城隍街10号。

花莲市城隍庙，主神护国城隍，建于民国二十年（1931年），位于成功街9号。

海峡飞渡为一拜

台东市善化堂，主神城隍爷，位于民权里宝桑路340巷25号。

马公市城隍庙，主神城隍爷，俗称城府王爷，建于民国二十五年（1936年），位于重庆里八郊20号。

除在城镇建城隍庙外，台湾乡里也有城隍庙。如苗栗县公馆乡的开矿村就建有城隍庙，主神城隍爷，建于民国十九年（1930年），俗称出矿坑城隍庙。

总之，台湾之城隍庙信仰源远流长，历代官吏均予提倡。它对于消除民族间、帮派间的隔阂，维持社会安定起了一定的作用，形成一种民间信仰文化。对于城隍信仰的深入研究，有利于加强闽台历史文化交流，促进海峡两岸的民族感情。

第五节　霞城—霞海：汇聚两岸神缘的传奇城隍故事

今天的集美区后溪镇城内社霞城城隍庙，前身是建于清康熙年间的同安县霞城城隍庙。我们在上面的章节中说过，它是随着军事建城而建造的城隍庙，位于集美区后溪镇城内社，紧靠孙坂公路，交通便利。该庙坐北朝南，面宽十五米，进深二十八米，占地面积六百多平方米，重建的城隍庙整体建筑系钢筋混凝土仿古结构，屋顶为重檐悬山顶，辅以精致、玲珑的雕刻，整体上气势巍峨不凡，金碧辉煌。前后共两殿，正殿供奉城隍神，仪态威严，棱角分明。庙前有两株百年历史的古榕树，盘根错节，枝骨峥嵘，古树之苍翠与殿堂的辉煌相互掩映。一池碧水映照于前，景色宜人，环境优雅。庙宇为三开门，庙中前凸似拜亭，有大石香炉。主祀城隍、文武判官、黑白无常神像，配祀阎王、牛头马面及“老祖（师）”、清水祖师。有瑞宗和尚遗留诗签三十支。

霞城城隍庙始建于清康熙元年（1662年）。据《泉州府志》

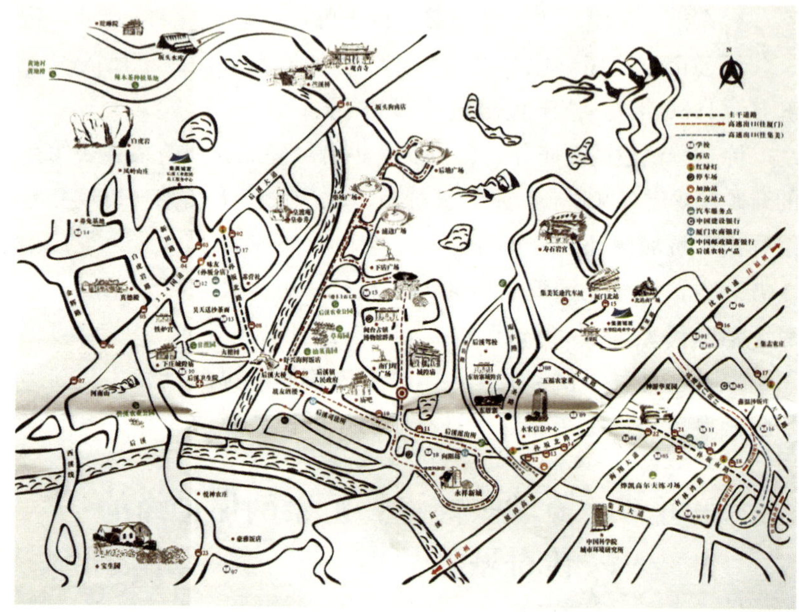

后溪（霞城城隍庙）景点手绘地图

载，从清顺治十八年（1661 年）开始，清政府为围困郑成功的抗清武装，实行“迁界禁海”政策，沿海居民以城为界，十五公里以外不得居住。清康熙元年八月，朝廷下旨，由福建总兵李率泰、同安总兵施琅等负责督造城池，命其城为“城内”，又称“霞城”。建造霞城的同时，于南城门内（即临海门）建霞城城隍庙，希冀神灵予以庇佑，即为此后的后溪霞城城隍庙。

每年农历五月十三日城隍爷圣诞，附近的埔边、后塘、下店、柴场等村的信众组成队伍，奉请小金身巡游。十四日进庙，热闹非凡。1958 年，城隍庙被拆毁，现存“临海门”石匾额。

就是这样一座跨越三百五十多年的城隍庙，有着一个个传奇般的故事。这些故事，有着跌宕起伏的情节，有的凄美，有的悲壮，有的感人肺腑，有的发人深省。最动人的情节，该是城隍爷

重建后的霞城城隍庙

在海峡两岸各有一段曲折而艰辛的经历。现在，就让我们穿越时光隧道，对它们进行一一解读。

一、霞城东、西、北三门的三座庙

(一)观音佛祖庙(东门)

霞城的东门，建有观音佛祖庙。观音佛即观世音菩萨。从隋唐以来，民间的观音信仰日趋深入和广泛，并逐渐形成了以敬奉观音为主的三个基本通行的农历民俗宗教节日：农历二月十九日为观音诞生日，农历六月十九日为观音成道日，农历九月十九日为观音出家日。民间有将这三日并称为观音菩萨圣诞的，是为大节日。这三日，大家一起素食斋戒，或一起朝圣，沐浴佛法梵音，净化心灵。

观音庙

当年建霞城，在东门设了观音佛祖庙，说明城隍信仰自古深受儒释道三教归一的宗教文化思想影响，其侧面也反映闽南信众的多神灵崇拜和多神祇祭祀的民间习俗。可以想象，每逢城隍爷诞辰日或巡游日，人们举办隆重的庙会，而信众们在祭祀城池的保护神的同时，不忘在城的另外三个城门祭祀配祀在此的其他神明，包括佛教体系中深入人心的观世音菩萨。

(二)玄天上帝庙(北门)

北门又称拱辰门。建城的同时，在北门建玄天上帝庙。玄天上帝，即真武大帝，也有称真武、北极真君、元天上帝。真武是

古代汉族神话传说中的北方之神玄武，宋代时因避讳，改“玄”为“真”，称真武帝，是宋代道教的北方上帝。明朝时，它被尊为天子的保护神。据传，他是盘古之子，于玉帝退位后任第三任天帝，生有炎黄二帝，曾降世为伏羲，是为龙身，中华之祖龙。玄天上帝在汉族民间信仰中占有重要地位。真武崇拜兴盛于宋代，至元代又被晋升为元圣仁威玄天上帝。明成祖时，地位更加显赫。有关真武的传说中，又皆称龟蛇乃六无魔王，以坎离二气所化，还说玄天上帝每每斩妖除魔，都御剑出行。武当山为玄天上帝的圣地。玄天上帝是道教的重要神祇之一，霞城在四门之一的北门建玄天上帝庙，实为正常的举动。

玄天上帝庙

走过了三百五十多年的风风雨雨，拱辰门成为唯一保留至今的一座原建城门，与之有同等文物价值的，还有 1991 年被挖掘出土的南城门——“临海门”的门额石匾。据村里的老人说，“文革”期间，这座拱辰门能免于被拆毁的厄运，全都倚仗生长在这座城门中的古榕树。当时，石缝中生长出的古榕已有一百一十年的树龄，在村民们看来，古树年过百岁则必有神明，极具灵性。因此，没人敢去拆掉古榕树赖以生长的城门，拱辰门因此被保留下来。时至今日，刻有“拱辰门”的门额石匾以及保存完好的北门已经成为极其珍贵的遗物遗迹，看着它们，人们也能想象出当年城内城的气势恢宏与大气磅礴。

拱辰门背后的玄天上帝庙，是城内四门中唯一保留完好的、历经数百年香火不断的门庙。玄天上帝庙内如今还保存着清代的石雕石狮、麒麟等图案，是十分珍贵的历史遗迹。然而这样一座古庙，却也经历了一番磨难，才幸存了下来。

据悉，“破四旧”期间，城内四门的门庙，也成了要被推倒

玄天上帝庙（局部）

的对象。眼看着东西南门的门庙被拆毁，玄天上帝庙似乎也无法幸免。而就在此时，一位成分为贫农的村民拿出了土地证明，证实北门门庙所在地原先是他家的土地。由于这位土地主人贫农的身份，大家承认了他对这块土地的所有权，玄天上帝庙也在他的坚持与保护下，侥幸逃过了被拆除的命运，与北门拱辰门一样，成了遗留至今的古城建筑。如今的玄天上帝庙，虽然远不及南门城隍庙的规模，但依然香火鼎盛，吸引着大量的村民前来祭拜。

（三）池府王爷庙（西门）

池府王爷庙俗称池王宫，来源于王爷信仰。王爷信仰在闽台非常兴盛。由于过去闽台一带自然环境非常恶劣，瘴疠瘟疫横行，天灾水患不断，老百姓的生命财产受到很大威胁，而且大家都认为是邪魔妖道鬼怪在作祟，而王爷被认为可以驱除瘟疫、保护乡里，于是在民间就形成一种非常普遍的主要信仰。闽台民间独有的信仰就是妈祖和王爷，这是闽台沿海民间信仰的两大系统。妈祖保佑渔家，而带来灾祸的瘟疫，却从疫鬼变成了神明，升格为“王爷”或“千岁”。祭祀时的“王醮”是最特殊的宗教礼仪之一。王爷去瘟疫，是道教的守护神，与妈祖相比，最大的不同是相传妈祖真有其人而且仅此一人，而王爷属于神话人物，数千年来人数颇多，甚至各地都有被尊为王爷的神话人物。

池府王爷庙

池府王爷也是前清先民迎请的渡台守护神，闽台一带较为一致的说法是迎请自泉州府同安县马巷厅元威堂的王爷。池王爷本是个文举人，但自行文武双修，后来高中武进士。奉派前往漳州就任途中，结识两个新朋友，且得知这两人是奉玉皇天帝之命下凡散布瘟疫病菌的行瘟使者。进士慈悲，哀悯百姓即将面临天灾，当下决定舍身护民。在马巷小盈岭过夜时，借口因好奇欲借看行瘟使者的瘟药，得到允许后趁对方不备，迅速将所有瘟药一口吞下，当场毙命。两个行瘟使者将进士亡魂带回天庭禀报，玉皇天帝听罢甚为感动，便授池王爷代替玉帝，下凡“代天巡狩”，察阴理阳、赏善惩恶，并对所有为恶之人、鬼、神，掌有先斩后奏之大权。池王爷返回后，得到当地人的拥戴，人们纷纷为之建庙奉祀。马巷的池王爷宫（即元威堂）系闽台两地池府王爷信仰的开基祖庙，据说在台湾，以池王爷为主祀神灵的宫庙就有三百多座。而在与马巷同属同安县的霞城，在城的西门建造城隍庙的配祀神池王爷庙，该是基于护城保民的基本诉求。

二、 百年榕树传说凄美爱情故事

城隍庙前，有两棵百年树龄的古榕树，盘根错节，与宫庙的辉煌相互掩映，各自显现着不可或缺的壮美。其中一棵古榕枝叶稀少，但苍劲挺拔，傲立于坚硬的土地之上，如同抬头仰视天空的伟岸男人。另一棵则是枝繁叶茂，婀娜多姿，如同多情的少女默默依偎于身边的男人。这两棵参天的大树，不只承载着悠悠百岁的年轮，还承载着一段凄美的爱情故事。

相传三百多年前，有一对青梅竹马的恋人，他们热爱花草树木，曾在山野乡间种下许许多多美丽的植物。有一天，小伙儿要出海，跟随远渡台湾的人群去谋生。当时的台湾海峡浪大水深，因为凶险无比，有人称它为“黑水”。

女子当然不舍，但为生计，不得不作难舍之别。临行前，她与小伙儿一同种下一株榕树，并在小伙儿离去的日子里精心护理

小榕树。榕树的适应性极强，在瘠薄的沙质土中也能生长，是一种在潮湿空气中都能生根的大乔木植物，所以在福建这样的地方，随处可见“其大十围、凌冬不凋”的大榕树。

女子望眼欲穿，每天守着榕树，期待小伙儿早日归来。唐代的白居易在《长恨歌》里有“在天愿作比翼鸟，在地愿为连理枝”的名句，这诗句所传达的情义一定时刻萦绕在这个女子的心底。然而“黑水”无情，一场海难，夺走了小伙儿的生命。噩耗传来，女子伤心欲绝，不久后也离开人世。

令人意想不到的是，在他们共同种下的那株榕树旁，二十年后竟然又长出了一株新的小树。百年弹指而过，两棵榕树早已长成参天大树，榕荫掩翠，处处绿意盎然。这无疑就是白居易笔下的“连理枝”的真实再现！所谓连理枝，指的就是两棵树的枝干合生在一起。连理枝又称相思树、夫妻树，乃至生死树，比喻的是夫妻坚贞的感情。这对青年男女，把千年的爱恋都刻在身上，繁枝茂叶，十分细心地藏起隐没了百年的爱恋。人们说，这两棵

霞城城隍庙前的古榕树

古树是这对恋人的化身，整个城隍庙也因为它们的存在而增添一曲优美的恋歌。

三、 陈金绒与台北大稻埕

（一）城隍爷金身赴台

清康熙十八年（1679 年）后，清政府下令沿海复界，霞城一带逐渐繁荣，霞城城隍庙的香火也日趋鼎盛。

清道光元年（1821 年），同安县人陈金绒奉请（复制）城隍爷金身，同一批同安人渡海去台湾谋生。在台初期，将城隍爷安置于艋舺八甲庄，由陈金绒奉祀（地点在今广州街附近），并逐渐成为来台同安人的共同信仰。清咸丰三年（1853 年），艋舺发生“顶下郊拼”械斗，被打败的同安人带着他们信仰的霞城城隍爷来到大稻埕，迁徙途中，林矾氏等为护卫神祇金身，三十八位义勇壮丁牺牲，后供奉于城隍庙，名为义勇公。

迁移到大稻埕后，城隍爷最初置于杜厝街陈金绒之子陈浩然经营的金同利糕饼铺内。随着移居大稻埕的同安人增多，香火渐盛，陈浩然感到把城隍爷置于狭隘的店中，有渎神威，于是建议同安乡亲林右藻等共同筹资建造庙宇。很快获得附近经商有成者以及郊商的回响，尤其是得到海内会的支持。大家推举董事八人，负责筹建庙宇事宜。更为重要的是，台南府城安平副总兵官苏斐然感念城隍爷庇佑地方安宁的威灵，慨然捐献庙地，于清咸丰六年（1856 年）开工兴建，咸丰九年（1859 年）三月十八日落成。

建庙宏愿能顺利实现，参与捐资的信众是重要因素。其中有一股力量不可低估，这就是海内会。所谓海内会，是清朝道光年间后溪地区发起形成的一个颇有影响的盟会组织，是宗族斗争的产物。封建社会的农村，宗族主义泛滥，“强房、硬角”横行无忌。据蔡新民、王宗敏先生《海内会的盟结即组成》（载《〈集美

寻珍〉（5）：古韵后溪》）所述：当时，同安县内的霞店圩市，也就是今天的后溪城内一带，皆为外来的杂姓聚居。他们经常受到周边强族的欺侮、强买强卖，却不敢反抗。当时，霞店、城内、浦边三角头与强邻仓上相毗邻。仓上为黄氏大族，人口众多，且有族人在清代官至布政司（从二品），可谓官大财大。宗族倚仗他的权势，上下交结，控制下店市场。集市的屠户为下店、城内、浦边三角头较弱势的人，被强行规定，猪肚二十五文、马口（大肠）十九文，超过者即予以处罚甚至没收。

仓上族人还渗入下店圩尾街，强权租占商店为自己营业，同时霸占一座古建的“金浦锡”宫庙由其族人管理，每逢庙会便乘机敲诈香客，还经常纠集壮丁惹是生非。嗣后，有一位珩山王氏族老与下店有葭莩之亲，在市场上主持正义，被黄氏族人殴打致伤。于是，他公开鼓励浦边、下店、城内三社组织盟会对抗黄氏家族。先是三社联合讨论方案，后在下店建佛祖宫并宣告海内会成立（古时三社及周边一带皆海，故称海内）。

海内会的第一次行动是发动壮丁操练宋江阵、练武功，并将各角头的队伍带到浦边山风柜嘴铁钻石（地名）集会盟结。但部署尚未停当，即被仓上人发觉，只好提前发动攻势，集中壮丁，由三脚榕（地名）向仓上出击。因寡不敌众，被黄氏冲破而散。之后，在圩尾隘门内再次集中精壮少年，将集市内的仓上人驱逐出境，夺回商店，并占领“金浦锡”宫庙作为临时据点。海内会在下店圩尾东面建立三座铳楼，与城内城连接而成掎角之势，并在离铳楼两百米处安装大铳（土炮）。从此，双方间的械斗长达十八年之久。相持既久，圩尾下坑以及城内东门外一带，田园荒芜，杂草高可隐人。仓上虽虎视眈眈，然海内会众志成城，却也坚不可破。最后，双方只得聘请地方绅士前来斡旋，所有人命赔偿由各当事人负责处理，械斗从此结束。

海内会三角头在械斗过程中力量逐渐增强，为弱小邻村所倚仗。经援助苏营、姜屿山（现在前进村及二农一带的村落）抵御强邻，二者也先后加盟，成为五角头的海内会。同时，废除了“金浦锡”宫庙，将“金浦锡”三字拆给前三角头作为建宫庙的名称：“金”字建下店圩帝；“浦”字建浦边舍人公宫；“锡”字建城内祖师公宫，供奉的是安溪清水岩分炉来的清水祖师，又名“锡恩殿”。

五角头海内会成立之后，众人建议筹建海组厝，以供奉盟祖禄位并以五月初十为盟祖诞辰日，春祀秋尝，每年五角头轮流主祭。于是分工集材、大兴土木，不久而成机构。但在未告落成之前，黄布政司上诉海内会兴建结盟祖祠企图造反。上降旨勒令泉州府查办。幸而霞店圩有一位姑丈，石兜人，在泉州府为官，是夜派人通知海内会家长，改换祖祠名称，匾额改书“海丰古地”，其意思是纪念围海造田，确无造反之事，于是祖祠得以续建。

以后，有灌口西滨社经常受角尾深青社大族欺侮（时深青社属龙海县角尾镇管辖），由来已久，无法抵抗。有一次，深青社借口挑衅，发动群众大兵压境，西滨社危急之下向海内会求救。海内会遂派大队人马，持“代天巡狩”战旗，前往救援。双方发生一场惨烈的械斗，伤亡惨重，仅海内会就战死二十多人，尸体葬于西滨，堆成一个大土包，号称“万人堆”。西滨全社群众为之戴孝，每年清明日备三牲酒礼祭奠。还请道士招亡故之魂，书名禄位，超度入海内祖厝，尊称“海祖公”，四时祭祀。

海内会始终宣扬正义、抗暴助弱、反对不法官吏。辛亥革命期间，清政府追捕黄兴的家属，黄兴的父亲带领全家到处避难，海内会将他们隐藏在浦边社，安排住处提供一切方便。黄家以屠牛为业，直到辛亥革命成功后，黄兴才派人将家眷接回老家。

在台湾，来自同安县的乡民，尤其是经商有成者，为保生

计，以加入海内会形式，保持邻里朋友之间的相互照应。凡是海内会的人迁台开发的地方，他们都在台继续组织海内会，发扬海内会精神。台北城隍庙的城隍爷金身，是下店陈氏背过去敬奉的，在台湾威灵显赫、保佑众生、有求必应，因此四方善男信女纷纷集资，建成了台北霞海城隍庙。“霞”代表霞店圩市，“海”代表海内会。每年五月十三日是城隍爷神诞日，届时庙祝（管理人员）必分给海内会的人一份礼物。

（二）台北霞海城隍庙

台北霞海城隍庙位于台北市迪化街 1 段 61 号，与慈善宫、法主公庙合称大稻埕三大庙宇。霞海城隍庙原为福建泉州府同安县下店乡海边厝五乡庄的守护神，因下店乡别名霞城，而庙设于霞城的临海门内，来台以后又称霞海城隍。

城隍本是古代神话中守护城池的神，后来逐渐成为祈雨消灾、剪恶除凶、护国保邦及管理亡魂之神。城隍神性正直，掌管阴阳两界，彰显善良，惩罚恶徒，深得民众的信仰和敬重。《礼记》中的《礼运篇》记载“天子大腊八，水庸居第七”，意思是说天子每年岁末要祭祀八位神祇，第七位祭祀的是城隍，故最初仅有天子可以祭拜城隍。城隍塑像供人膜拜，始于三国时代的吴国。

在传统信俗文化的长期熏陶下，城隍信仰在精神上安慰了远离故土的思乡游子，并在现实生活中起到了教谕乡民、排解纷争的作用。乡民以及各行各业信奉城隍爷的人，为酬谢神恩，会在每年城隍爷神诞日举行热闹非凡的庙会。台湾有“五月十三看人，迎神赛会甲天下”的说法，印证了庙会的盛况空前。

台北霞海城隍庙奉祀霞海城隍爷、城隍夫人、八司官、文武判官、谢将军（七爷）、范将军（八爷）、八将、马使爷、义勇公及月下老人等，这座著名的古庙以容纳六百多尊神像，成为台湾神像密度最高的庙。庙内刻画着“其盛矣乎”“天眼时开”“威灵显赫”及“霞彩临门八蜡配天赫濯，海澄启宇六龙随地封迁”“天理昭彰看如何结局，人心奸险待这里关防”“善报恶报迟报速报终须有报，天知地知子知我知何谓无知”等古意盎然的匾额、对联，终日陪伴城隍爷做好教化民心的任务。

霞海城隍庙第一次有资料记载的祭典是清光绪五年（1879 年），或许是大稻埕的茶叶外销畅旺，经济发达，地方繁荣，店家有能力支付祭典的花费。日本占领台湾初期，曾禁止举办庙会及绕境，清光绪二十四年（1898 年）发生瘟疫，为祈求神明保佑，才予以开禁，继续迎神镇煞的活动。

台北霞海城隍庙圣诞祭典和绕境活动，最初由三郊人士分别轮值担任炉主，负责当年的祭祀事宜。有一段时期也由祭典委员会协助迎神祭典，聚集地方人士与财力参与，更加入慈善宫、法主公庙及境内八大轩社阵头的支持，才有“五月十三人看人，迎神赛会甲天下”的盛况。大稻埕的商人利用霞海城隍庙连续几天的庙会促销商品，将迎神赛会与商业交易连接起来，祭典期间，招待与自己有事业往来的客户参加节庆活动，火车为此需要加开班车。热闹的景象，使得大稻埕扩大了经济版图，也让霞海城隍爷的神威远播。

台北霞海城隍庙虽然闻名全台，一直守着 46 坪（约为 151.8 平方米）的庙地未扩建，因其地为鸡母穴，有如母鸡保护小鸡，1937 年整修，该次修建内容主要为换屋顶，并施丹青藻彩；1971 年起，因为破损、朽坏、排水不良，亦曾做数次小规模的修缮；1981 年，第一银行大稻埕分行改建，鹰架压坏城隍庙屋顶，整修的规模较大。1994 年 3 月，陈金绒六代孙陈国汀、陈文文兄妹鉴于建庙已多年，不乏腐朽老旧的部分，需要彻底整修，配合政府维修古迹的政策，由徐裕健、王正雄等学者、专家

照原样形式采取抽梁换柱的大整修，所需经费由香客捐助和台北市政府编列预算补助。1998 年农历四月二十二日恭请于临时庙宇的霞海城隍爷入庙，继续保佑前往祭拜的善男信女心想事成。

霞海城隍庙每年举办冬令救济、五月庆典、七月普度后的慈善救济等各项捐助义举。1996 年起，台北市迪化街店家于春节前举办年货大街，台北霞海城隍庙准备平安茶供应来自各地的民众，并送春联、门神灯笼、捏面人等，获得各界好评。陈文文以“在地人疼惜在地人”的思考层次，年年邀请视障同胞与志工逛年货大街，并致赠年节礼物。为使大家对大稻埕能有更深的认识，1997 年 6 月起，聘请庄永明、叶伦会等对古迹有研究的学者、专家，每月免费举办两次了解大稻埕附近古迹或具纪念价值的“大稻埕逍遥游”等活动，被认为是有“承续文化香火”意义的活动（2010 年 3 月 7 日，为“大稻埕逍遥游”第三百期）。

“五月十三，人看人。”从此句可以印证农历五月十三日，稻江霞海城隍庙赛会驰誉全台的盛况。据 1921 年，日据时期的有关统计，自农历五月八日起五日之间，外来香客前来进香膜拜者近二十万人，再加从台北及近郊前来进香者，当有三十万人之多。

稻江霞海城隍庙兴建于清咸丰六年（1856 年），咸丰九年（1859 年）三月正式落成。1934 年，陈乃渠撰《霞海城隍庙沿革志》，抄录部分于后：

> “……我霞海城隍爷，明朝武宗正德间，赐以临海门匾额，霞海则临海门分庙。初因临海门有志，于明末清初，建庙于福建省泉州府同安县下店乡海边厝。为五乡庄庄民之镇神，故改曰霞海城隍。
>
> 道光年间，海内陈金绒氏，奉载来台。初安于艋舺八甲庄，假店铺为祠庙。至咸丰三年（1853 年），漳、泉民斗，

神座累灾被焚。林砚氏等，急将金身护卫，迁徙于大称埕杜厝街陈金绒氏嗣陈浩然氏之金同利铺中。是时保护神像，不顾捐躯，除林砚数氏外，奋斗脱围，余竟遭祸阵亡者三十有八人。海内派下感念为公受厄，共议配祀本庙西庑，曰义勇公。自是而后，香火日盛，至咸丰六年（1856年），陈浩然氏深感铺中狭隘，有渎神威，乃召集海内派下，议建庙宇，共举董事八名，公请尊神择地。其时地主乃地方官苏协台，慨然献纳庙地。海内派下踊跃向前，贫者供役劳工，富者寄附净财，于同年三月十八日兴工，至（咸丰）九年（1859年）三月一日落成。因资力有限，不能建宏壮之庙貌，亦为时地所局尔……”

霞海城隍庙一直未予扩建，据说是因其据地是“鸡母巢穴”，忌妄动土木，恐雏不安巢，因之始终“庙”不惊人，格局不大。

庙中楹联，有数对令人深省：“天理昭彰，看如何结局；人心奸险，待这里关防。”“莫道汝糊涂，难逃法网；须知我执拗，不循人情。”为前任安平副总兵官苏斐然所书。

据《台北霞海城隍庙》内刊载：台北霞海城隍庙的例行祭典日为（以农历月日为准）：

正月初一：贺正，初四接神。

正月十五日：元宵节。

三月初一：义勇公春祭。

三月十二日：文武判官生日。

三月二十日：注生娘娘生日。

五月初五：端午节信众祝敬。

五月初六：海内会祭典、五营放军。

五月十一日：暗访。

五月十三日：绕境行列、信众祝寿演戏。

五月十四日：城隍爷圣诞。十四日至十八日：祝寿法会。

五月十八日：范将军生日，五营收军。

六月初七：开天门。

七月初七：情人节。

七月廿四日至廿八日：盂兰盆会（超度、普度法会）。

八月十五日：月下老人生日、信众祝寿献花。

九月初四：城隍夫人圣诞、信众祝寿演戏。

九月初九：重阳节信众祝敬。

十月初一：谢将军生日。

十一月初一：义勇公秋祭。

十二月廿四日：送神。

陈金绒的六世孙陈国汀服务台北霞海城隍庙长达二十五年，在他心里一直有一个心愿，就是回大陆老家，关心祖庙霞城城隍庙的状况。1990 年前后，他与胞妹陈文文就多次派人回大陆了解情况，听说霞城城隍庙已经废弃的消息后，便萌生筹募资金重建祖庙霞城城隍庙的想法。

四、“临海门”石刻门匾的前世今生

二十世纪五六十年代，后溪城内霞城青石城墙被拆毁，只留下北城门“拱辰门”的断壁残垣，与南城门“临海门”门额石匾等少数遗迹及文物。霞城城隍庙也被拆建为仓库，彻底遭毁。

1991 年，这里迎来了一位来自台湾的中年女性陈文文。她是一百多年前背着霞城城隍爷金身赴台谋生的陈金绒的第六代孙女，受其兄长委托，前来查证城隍庙有关史料。

道光元年（1821 年），陈金绒奉请霞海城隍神像渡台。因泉州府晋、惠、南三邑与同安人“顶下郊拼”（分类械斗），同安人携城隍金身从艋舺退至大稻埕。三年后，陈金绒之子陈浩然集议建庙。咸丰九年（1859 年），“台北霞海城隍庙”落成，因坐落于迪化街“鸡母穴”，各行各业，万事顺利，财源广发，万民信仰。每年霞海城隍爷神诞大游行，盛况空前，有“五月十三日霞海城隍会甲天下”之美誉。

二十世纪九十年代初，陈氏第六代子孙、台北霞海城隍庙的前主事陈国汀先生据霞海城隍庙庙谱记载，多次派人前往大陆寻访“祖庙”，并辗转寻根至集美后溪。然而，此时的后溪城内社，除了残存的霞城北门即拱辰门外，仅有一块一时无法辨别的石碑以及被泥土覆盖包裹的霞城南城门“临海门”的门额石匾。除此之外，没有其他遗迹可以证明这里就是三百多年前的霞城城隍庙。

这一次陈文文女士的到来，就是受兄长陈国汀的委托，返乡考证“临海门”石匾。经辨认，“临海门”石匾确为霞城南门也就是正门的石匾额，因而确认，此处便是台北霞海城隍庙之祖庙无误。然而，眼前故乡的祖庙已为一片废墟，这可怎么办？

确认祖庙之后，陈氏兄妹便在台北组织捐资，意欲重建祖庙。1991 年 6 月 7 日，陈国汀亲自奠基动土，揭开重建城隍庙的序幕。然而陈国汀先生因长时间奔波操劳于台北霞海城隍庙的庙务与后溪霞城城隍庙的重建工作，积劳成疾，不幸于 1994 年 5 月仙逝。陈文文女士接过重建城隍庙的重担，克服重重困难，组织规划建庙资金约新台币一千三百万元。1997 年 11 月，霞城城隍庙以雄伟之姿、崭新之貌屹立于昔日霞城的南门。

走进重建的霞城城隍庙，可见庙内右墙下置有“临海门”大石刻。这块石碑，经历了三百五十多个冬去春来，更是见证了当初的清朝迁界禁海、霞城雄踞一方、城隍香火鼎盛、陈氏分炉去台，以及半个世纪之前的庙毁碑埋泥土，后来的陈氏兄妹勘察、霞城再兴土木，直至香火重新旺盛。石刻右上方刻“钦命总督福建部院少保兼太子太保尚书李奉旨”，左刻“钦命镇守福建同安

等处地方总兵官提督施琅，总督标下督造官副将黄顺，同安知县、参将学成世保，同安镇标原副将关魁，督工由白礁巡检张恩荣，康熙元年（1662 年）八月吉日建”。石刻宽约一百九十二厘米，高六十三厘米，厚十八厘米。

如今的霞城城隍庙，又恢复了以往的香火鼎盛。每年后溪城内社都会在农历十一月二十二日——城隍爷的祈安日前后，举办盛大的庙会迎神庆祝活动。庙会一连几天，附近的浦边、后塘、下店、柴场等社，各自组成队伍，前来朝拜。台湾等地的城隍主事和信众也会组团前来进香，共襄盛举。两岸同胞因城隍庙而结神缘，因勤勉合作而繁盛，集美后溪城内城隍庙成为两岸亲情互通与民间信仰文化交融的胜地。

五、 重修霞城城隍庙碑文与庙内楹联

（一）台胞陈文文女士所撰重修霞城城隍庙碑文

陈文文女士所撰重修霞城城隍庙碑文之原文如下：

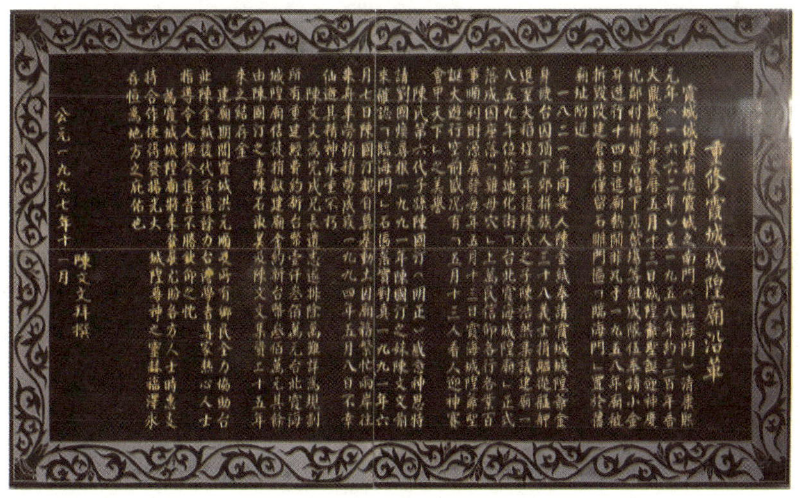

重修霞城城隍廟沿革

霞城城隍廟位霞城之南門（臨海門）清康熙元年（一六六二年）至一九五八年約三百年香火鼎盛每年農曆五月十三日城隍爺聖誕迎神慶祝鄉村埔邊后塘下店柴場等組成隊伍奉請小金身遊行十四日進廟熱鬧非凡于一九五八年廟被拆毀改建倉庫僅留石雕門匾「臨海門」置於儒廟址附近

一八二一年同安人陳金城奉請霞城城隍爺金身渡台因頂下郊拚鬥人三十八義士捐軀從祀解退至大稻埕三年後陳氏之子陳浩然集議建廟一八五九年位於迪化街「台北霞海城隍廟」正式落成因廟座落「雞母穴」上萬民信仰各行營業百事順利財源廣進每年五月十三日霞海城隍爺聖誕大遊行空前盛況有「五月十三人看人迎神賽會甲天下」之美譽

陳氏第六代子孫陳國汀（明正）感念神恩特請劉國煒為他一九九一年陳國汀之妹陳文文偕來確證「臨海門」石匾落實對真一九九一年六月七日陳國汀親自奠基動土因廟務繁忙兩岸往來奔波勞積勞成疾一九九四年五月八日不幸仙逝其精神永垂不朽

陳文文為完成兄長遺志遠排除萬難併為規劃所有重建經費約新台幣壹仟叁佰萬元台北霞海城隍廟信徒捐獻建廟金約新台幣叁佰萬元其餘由陳國汀之妻陳石淑美及陳文文集資上十五年來之儲存金

建廟期間霞城洪元順及所有鄉民全力協助台北陳金城後代不遺餘力台灣學者專家熱心人士指導令人撫今追昔不勝欽佩之忱

為霞城城隍廟將來發揚光大恭盼各方人士時惠支持合作使得發揚光大城隍尊神之靈赫福澤永存恆為地方之庇佑也

公元一九九七年十一月 陳文文拜撰

重修霞城城隍庙碑文

霞城城隍庙位霞城之南门（临海门），清康熙元年（一六六二年）至一九五八年约三百年香火鼎盛。每年农历五月十三日城隍爷圣诞迎神庆祝，邻村浦边、后塘、下店、柴场等组成队伍奉请小金身游行，十四日进庙，热闹非凡。于一九五八年，庙被拆毁改建仓库，仅留石雕门匾“临海门”置于旧庙址附近。

一八二一年，同安人陈金绒奉请霞城城隍爷金身渡台。因顶下郊拼，族人三十八义士捐躯，从艋舺退至大稻埕。三年后，陈氏之子陈浩然集议建庙。一八五九年位于迪化街“台北霞海城隍庙”正式落成，因坐落“鸡母穴”，上万民信仰，各行各业百事顺利、财源广发。每年五月十三日霞海城隍爷圣诞大游行空前盛况，有“五月十三人看人，迎神赛会甲天下”之美誉。

陈氏第六代孙陈国汀（明正）感念神恩，特请刘国焕寻根。一九九一年陈国汀之妹陈文文前来确认“临海门”石匾，落实对真。一九九一年六月七日陈国汀亲自奠基动土。因庙务繁忙，两岸往来舟车劳顿，积劳成疾，一九九四年五月八日不幸仙逝，其精神永垂不朽。

陈文文为完成兄长遗志，遂排除万难，详为规划。所有重建经费约新台币壹仟叁佰万元，台北霞海城隍庙信徒捐献建庙金约新台币叁佰万元，其余由陈国汀之妻陈石淑美及陈文文集资二十五年来之结存金。

建庙期间，霞城洪元顺及所有乡民全力协助；台北陈金绒后代不遗余力；台湾学者专家热心人士指导，令人抚今追昔，不胜钦仰之忱。

为霞城城隍庙将来发展，尤盼各方人士时惠支持合作，使得发扬光大。城隍尊神之灵赫福泽永存，恒为地方之庇

佑也。

陈文文拜撰

公元一九九七年十一月

（二）霞城城隍庙楹联

正大门：

霞彩临门八蜡配天赫濯

海澄启宇六龙随地封迁

其他门：

立地顶天世道莫如谦处好，功名钟鼎人情常在忍中全。

善报恶报迟报速报终须有，天知地知尔知我知何谓不。

任世间计较终归无益，到此地是非总有分明。

清香清茶鲜果品，诚心诚意敬神明。

阴阳奕理权衡判，善恶昭彰鉴别明。

后溪城内霞城城隍庙在三十多年时间里处于废弃状态，除了一块被埋地下的石碑外，没有留下更多原庙的物品。而台北霞海城隍庙自 1859 年落成，到 1991 年陈金绒第六代孙陈国汀、陈文文兄妹找到祖庙并主持重建，之间的一百三十二年，台北霞海城隍庙香火鼎盛，庙务管理有序。当年所配的大门匾额对联“霞彩临门八蜡配天赫濯，海澄启宇六龙随地封迁”应是始终如一地陪伴着城隍爷以及所有信众，一起走过这一百三十二年。在霞城城隍庙重建落成后，这副十字联也一字不差地雕刻在了霞海城隍庙之祖庙的大门两边。

这个细节，若经推敲，便自然产生某些思考，比如：当初施琅总兵建这座城隍庙时，庙中的主楹联写的是什么？用的就是这副楹联吗？如果是，那么这副十字联就是漂洋过海一百多年后的回归；如果当初这里的主楹联不是这副十字联，那么它就是引用了分庙的楹联。霞城城隍庙是在陈金绒后代组织筹款并主持重建事务的过程，引用了台北霞海城隍庙的主楹联，不但是正常之举，还可以被视为是信俗文化的“反哺”，抑或是两岸城隍神缘的紧密互动。

霞城城隍庙大门楹联

许多看过这副楹联的人，都觉得此联稍显深奥，不像其他城隍庙里的对联那么通俗易懂。越是不易读懂，就越想琢磨它，乃至于欲凭猜想试着对这对联做一番解读。不过，还敬请所有专家学者不吝赐教，以满足我们了解这副对联真正意思的愿望。

上联：霞彩临门八蜡配天赫濯

下联：海澄启宇六龙随地封迁

一看上下联的开头，便知这是一副“藏头联”，把“霞海”藏进联头。上联的“霞彩临门”较好理解。祖庙叫“霞城城隍庙”，为把“霞”字藏在联头，既表示怀念祖庙，又为藏头“霞海”打头。选用“霞彩临门”相当好，让人顿觉开头有彩，其妙有三：一是形式内容双双到位，完全摆脱为藏字而设词的勉强与附会；二是开局就用风水美词，给人以门临霞光的美好景象；三是平仄合律，仄仄平平打头。上联接着是“八蜡配天赫濯”，感觉说的就是庙与神共同组成一座非常威武的、赫赫然立于天地之间的神庙。“八蜡”是八神，也可以指八神庙，当然还可以指第八个神。我们知道，古有“天子大腊八，水庸居第七”的说法，按此说法，城隍是第七神灵，是在大八神的范畴内的，而在具体实践中，一座城隍庙也允许有八神，这种状况，基于两个背景，一是中国传统道教有很多神祇，二是大多信众都有多神灵崇拜和多神祇祭祀的信仰习俗。所以“八蜡配天赫濯”，可以理解为多个神祇与天帝相呼应以示显赫，这与表示风水俱佳的前四字“霞彩临门”连接，意境既完整又美妙。

这副对联难解之处在于下联，其难解主要在于下联的后半句。下联的开头四字也好理解，为把“海”字藏头，形成上下以“霞海”打头。这里选用“海澄启宇”开头，同样也有三妙：一是解决藏头且不勉强；二是同样兼具达意与表现风水美好，说海水透明清凉，开启天宇，很有气势；三是同样合乎平仄，平平仄仄，与上联严丝合缝。下联后边的“随地封迁”也好理解，因为霞海城隍庙在正式建庙之前，不但有从大陆奉请城隍神金身渡海来台的历史，还有在艋舺械斗失利，最终神祇迁移至现址大稻埕的经历。基于这个具体实际，“随地封迁”便可理解为神祇迁徙的过程。但是，究竟是指以上两种迁徙历史的哪一个，这就是难解之处。

这问题如何解读，都在于下联中的“六龙”二字。如果“随地封迁”是指 1821 年陈金绒奉请城隍神金身去台的那一次迁徙，那么“六龙”就该指向随同城隍神去台的其他神祇即配祀的神祇，抑或指向当时同一批渡海去台的骨干成员。然而，按我们的猜想，这种可能性比较小。

且看上述城隍神的第二次迁徙历史：同安人在艋舺械斗失利之后的迁徙途中，有三十八位义勇壮丁为护卫城隍神金身而献身，而这些后来被追认为“义勇公”的三十八人，在霞海城隍庙最终建设落成之时，实际上也被当作神祇供奉起来。而在选择庙堂主楹联过程中，很可能对为护卫城隍神金身而献身的义士记上一笔。

若按此说，这“六龙”可以泛指后来被奉为“义勇公”的义士们。而“六龙”因为要对仗上联的“八蜡”，因而数字还可以被视为泛称。这是因为，若要既与“八”对仗，又要合乎对联的平仄要求，同时还要正好表现实际需要的数字，那可太难了。

然而不管实际内容所指何地何人，这副对联总体看起来，都堪称是一副难得的妙对。这副楹联的遣词、意境，所表现的具体事物、气势等等，都有妙处，还完全符合古诗对仗与平仄格律。整副对联的平仄为：仄仄平平平仄仄平仄仄，平平仄仄仄平平仄平平。

这副对联既给城隍庙的庙宇带来一派清新之气，又是一份来自宝岛台湾因谒祖而“反哺”给祖庙的文化营养。当然，我们这么说，是基于这是引用了台北霞海城隍庙主楹联的基本认定。

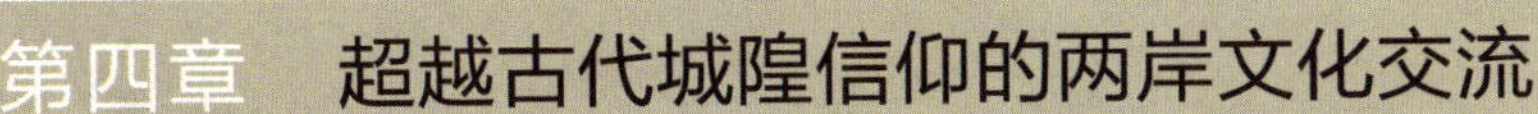

第四章　超越古代城隍信仰的两岸文化交流

第一节　三百五十八年：厦门集美后溪霞城城隍庙

“集美后溪霞城城隍庙庙会习俗”是厦门市非物质文化遗产项目，始建于1662年，到今年已有三百五十八年（至2020年为止）历史。这座城隍庙是“非遗”项目，建庙历史仅是申报“非遗项目”的参考因素，但绝不是获得审批的唯一理由。

要说清楚这话题，还想再次提起福州学者张传兴先生的那篇文章。我们曾经做过统计，文章中所罗列的福建省的城隍庙共有六十八座，其中有五十五座建于明代以及明代以前，而在清代所建的十三座中，有些还是建于顺治年间。也就是说，若论建庙时间早晚，福建的绝大多数城隍庙都早于后溪霞城城隍庙，假如能单凭建庙时间就进入“非遗名录”，那同类的“非遗”项目也太多了。

在这里，有必要弄清楚什么是“非物质文化遗产”。根据联合国教科文组织的《保护非物质文化遗产公约》的定义：非物质文化遗产指被各群体、团体、有时为个人所视为其文化遗产的各种实践、表演、表现形式、知识体系和技能及其有关的工具、实物、工艺品和文化场所。各个群体和团体随着其所处环境、与自

集美后溪霞城城隍庙庙会暨“非遗”项目展

然界的相互关系和历史条件的变化，不断使这种代代相传的非物质文化遗产得到创新，同时使他们自己具有一种认同感和历史感，从而促进了文化多样性和激发人类的创造力。

教科文组织的公约所定义的“非物质文化遗产”包括：1. 口头传统和表现形式，包括作为非物质文化遗产媒介的语言；2. 表演艺术；3. 社会实践、仪式、节庆活动；4. 有关自然界和宇宙的知识和实践；5. 传统手工艺。

根据《中华人民共和国非物质文化遗产法》规定：非物质文化遗产是指各族人民世代相传并视为其文化遗产组成部分的各种传统文化表现形式，以及与传统文化表现形式相关的实物和场所。包括：（一）传统口头文学以及作为其载体的语言；（二）传统美术、书法、音乐、舞蹈、戏剧、曲艺和杂技；（三）传统技艺、医药和历法；（四）传统礼仪、节庆等民俗（包含人生礼俗、岁时节令、民间信仰）；（五）传统体育和游艺；（六）其他非物

质文化遗产。属于非物质文化遗产组成部分的实物和场所，凡属文物的，适用《中华人民共和国文物保护法》的有关规定。

非物质文化遗产是各族人民世代相承、与群众生活密切相关的各种传统文化表现形式和文化空间，既是历史发展的见证，又是珍贵的、具有重要价值的文化资源。

集美后溪霞城城隍庙庙会习俗非物质文化遗产项目证书

相信读者朋友早从上面的有关条文中找到城隍庙可以成为“非遗”项目的依据了。不过，我们还没有为大家解读刚刚抛出的话题：后溪霞城城隍庙不是靠建庙时间进入“非遗名录”，那靠什么？我们得说，靠的是它跌宕起伏、丰富曲折的城隍故事。霞城城隍庙是有着很多故事的城隍庙，那些故事曲折、动人，具有一般庙宇所不具备的典型性。当然，这座庙的始建时间肯定也并非没有意义，毕竟已经跨越了三百五十八个年头。

霞城城隍庙还是厦门著名涉台文物古迹。由于地理、历史、宗教信仰、亲缘等等原因，厦门在对台关系上有着举足轻重的意义。也正因为这些原因，厦门市分布着数十处与台湾息息相关的文物。它们昭示着厦门与台湾的特殊关系，是历史的见证，是台湾同胞追宗溯祖的情结所在。闽南人自古就有多神明崇拜的习俗，随着先人们离开大陆去往台湾，他们所信奉的神祇，也随着他们前往台湾而延续传播，以佑风调雨顺、家业兴旺，同时也寄托人们思乡念祖的拳拳情怀。许多经由大陆传炉的宫庙都遥别原乡被奉祀于台湾，同时每年又有大批同胞组成进香团回大陆进香朝拜祖庙。

信仰的认同，密切了人员的往来，厦门的许多涉台文物或古迹都是反映这方面内容的。后溪霞城城隍庙经历了起起伏伏的转折，最后饱含着两岸同胞的共同努力，透过两岸信众的捐资、台胞陈国汀陈文文兄妹留下亲笔碑刻、台北霞海城隍庙主楹联的回馈性增援等等，一系列的故事，都把这一处“涉台文物”打造成内涵完整而深刻、凝聚着两岸台胞精神文化遗产的朝拜与观光的胜地。这样一处朝拜与观光的胜地，对促进海内外台胞的团结、促进中华民族的统一以及炎黄子孙的兴旺绵长、对实现中华文化伟大复兴，都有着十分重要的意义。

第二节　后溪霞城城隍庙建庙三百五十周年庆典

后溪霞城城隍庙始建于 1662 年，2012 年是建庙三百五十周年的年份。而该庙经过 1991 年的重建，经过约二十年时间的“元气恢复”，以两岸信众同奉、祭祀香火鼎盛闻名于厦门乃至闽南一带，加上地方政府早已把霞城城隍庙的庙会习俗作为非物质文化遗产加以保护。在大庆的日子到来之前，举办建庙三百五十周年庆典的呼声以及安排，也在地方有关部门以及民间信仰组织，特别是广大信众之间，达成了共识。于是，一个由地方行政系统主办与承办，由民间信仰组织、机构协办的大型活动筹备组织架构形成了。

集美城隍文化节暨后溪霞城城隍庙三百五十周年庆典海报

整个活动称为“集美城隍文化节暨后溪霞城城隍庙三百五十周年庆”，活动筹备组织一经成立，就投入紧锣密鼓的工作中。后溪霞城城隍庙管委会以及后溪村村委会的成员，便理所当然地走在了第一线。

一、 赴台取经，完善庙会喜庆展演的阵头样式

三百五十周年庆典的“正日”，是农历十一月廿二日的“城隍爷祈安日”，公历为2013年1月3日。

而早在十个月前的2012年3月8日，霞城城隍庙管委会的成员们就奔赴台湾，向台湾城隍庙联谊会征求意见。他们拜访了台湾的七个城隍庙，分别是：台北松山城隍庙、台湾新竹城隍庙、彰化田中霞海城隍庙、高雄左营城隍庙、台湾高雄霞海城隍庙、台北霞海城隍庙、台湾城隍庙。此行得到台湾城隍庙联谊会的热情款待，除此他们还表示十分支持霞城城隍庙举办三百五十周年庆。

神像

城隍庙重建至今，尽管每年的城隍爷诞辰日、祈安日也都有安排庙会活动，同时每年也都有来自台湾的进香团以及配合巡游的“阵头”参加展演，但是，庙会活动毕竟断档了好几十年，现在如何完整地操办，是要做一番工作的，何况是三百五十周年大庆，要使庆典做到既隆重又像样，具体的策划与运作，一定要认真对待而不能马虎应对，其中重要的一个细节，就是要有能熟练操作的“阵头队”。

“阵头”，简单地说，就是闽南的民俗技艺。它是闽南地区及台湾地区民间庙会不可缺少的民俗展示与巡游的阵列，在实际运作中，不同地域或不同村社的方队，都以打出“××阵头队”旗号作为区别。阵头队一般分为文阵和武阵。文阵有车鼓、桃花搭渡、牛犁、布马、踩高跷、大鼓阵等等。武阵有宋江阵、八家将、狮阵、龙阵、七爷八爷等等。

在中国人的传统观念中，鸣锣击鼓、燃放鞭炮是驱赶邪魔最

为灵验，也是最不可或缺的方式与手段，所以在庙会活动中，鸣锣击鼓燃放鞭炮作为开道，已成常态或是基本模式。同时，一些打击乐器以及唢呐等乐器的分工与演奏，成为协调整体音乐、舞蹈以及带动进香、绕境队伍前进步骤的主角。

在整个巡街队伍中，神像无疑是第一主角。经过精心装饰的神像由体格健壮的男子抬举。神像还分主神与附神，一般是宫庙中主祀与配祀的神像。除主神像外，如何在队伍中安排附神像的位置，则依据各地民俗中的信仰惯例。金身的神像则是“坐轿”出行，那轿称为神轿。城隍神像都有一尊小金身神像，是作为以“坐”神轿方式出游巡街甚至渡海、跨地区等巡游远方之用。

阵头是以不同村庄所祭祀的神明来分队列的，虽队列不同，但有着共同的信仰追求。所以无论规模多大的庙会，有多少的阵头队加入，都有信仰的认同性，都有共同的祈福诉求：祈求国泰民安、风调雨顺、人畜兴旺、发家致富。信众们都认同这是神明的力量，同时也是他们用物质、精神、人力向神明沟通联系而带来的回报，所以他们认定，信徒越多，付出的物质与精神越多，越能达到驱邪避灾、消灾祈福的目的，乡村也定会更加兴旺。也就是说，人们的捐献越多，神明的恩赐也就越多，他们为神明做事，为神明狂欢，都是光荣的事，定有好的回报。

从另一个角度说，庙会的阵头文化实际上就是一种狂欢，并逐渐形成了围绕着办庙会、敬神明、喜庆踩街等而发展出的狂欢文化。所以，在阵头队列中，各种民间文艺表演队伍是不可缺少的，且随着地区经济的发展、人们生活水平的提高，各种民间文艺都在庙会实践中不断提高技艺，乃至得到一定程度的创新与发展。这种阵头文化是传统信仰文化的重要组成部分，更是成为庙会活动尤其是宫庙大型庆典中的重中之重。

热烈庆祝集美后溪霞城城隍庙会庙会习俗列入厦门市第三批非物质文化遗产项目名录
熱烈祝賀厦門市霞城城隍廟廟會習俗榮獲厦門市第三批非物質文化遺産名録

霞城城隍庙庙会活动

霞城城隍庙管委会是整个庆典的实际操办单位。管委会共有成员（理事）六十多位，其中七位为常务理事，管委会主任为现任后溪村村委会主任周勇坚。在霞城城隍庙三百五十周年大庆前半年，管委会就组织人员奔赴台湾，走访了台湾地区的七个城隍庙，其中一个重要目的，就是对台湾城隍出游仪式中阵头队的组织与运作进行学习与取经。他们的诚心得到台湾许多城隍庙主事者以及广大信众的支持，有的城隍庙还派出辅导人员前来后溪城内，对阵头队的主要路数进行指导。

后溪霞城城隍庙与台湾的台北霞海城隍庙一脉相承。台北霞海城隍庙是后溪霞城城隍庙的分炉，台湾其他冠以“霞海”之名的城隍庙则是台北霞海城隍庙的分炉。在城隍信仰的神缘上，后溪霞城城隍庙与台北霞海城隍庙乃至台湾其他许多城隍庙，有着怎么也无法割舍的情缘。而在举办大型活动尤其是城隍爷出巡绕境等大型祭祀活动，台湾方面的同行则有较为系统的历史延续性，对霞城城隍庙建庙三百五十周年庆典，包括对训练“城隍阵头队伍”等方面能起一定的指导作用，与其进行交流后，收到了很好的效果。

同年 10 月 27 日，后溪霞城城隍庙管委会成员再次赴台。这一次，他们带上了城隍庙建庙三百五十周年庆典的邀请函。管委会成员们一共走访了台湾将近三十家城隍庙，并邀请了二十八家城隍庙前来参加庆典。

经过学习交流、实践训练，后溪阵头队不但初具规模，而且掌握了城隍出游等仪式中的阵头要领，并逐渐形成了自己的特色。后溪阵头队的阵容，与闽台民间信俗中的阵头大同小异。这里特将他们的主要内容作个介绍。

由于城隍神被追封为人格神，而且被赐以某种官员品级，所以城隍爷出巡或圣诞日喜庆巡街时，阵头队的结构中就有古代官员出行的仪仗。

（一）肃静回避仪仗牌

封建社会官员出行，要把本来立于衙门里分别写着“肃静”与“回避”的大牌子请出来，而且要由衙役高举着走在队伍前头，目的是告诉路人禁止喧哗、立即回避。与这仪仗牌同行的，往往还有官衔牌，上面标明如“某某知县正堂”“某某知府正堂”等官衔，有的还另加诸如“七品正堂”“四品正堂”等等的品级牌。除了这些仪仗牌，还有铁链、木棍、乌鞘鞭、尾枪、乌扇、黄伞等随行仪仗。

肃静牌

回避牌

（二）幡旗

幡旗就是有色旗帜，一般旗帜上会标明官员身份，其功用与官衔牌类似，但为了增加气氛，即使与官衔牌重复，也要图个队伍的壮观。有时候，这种幡旗还会打上官员出行的目的，比如巡按出行，走马上任，巡狩某某地等。关于幡旗，《史记·天官书》

载："故北夷之气如群畜穹间，男夷之气类舟船幡旗。"唐代诗人岑参在《送郭仆射节制剑南》中写道："铁马擐红缨，幡旗出禁城。"这里的幡旗，就是代表武将领兵行进或两军对阵时打出的标明统帅姓氏的大旗，比如我们在影视作品中看到的岳飞军队中的"岳"字幡旗，三国中曹操军队中的"曹"字幡旗。

当然，不管还有多少仪仗，走在官员出行队伍最前头的，是为"鸣锣开道"。这开道的"鸣锣"，是很有讲究的，它与出行的官员等级密切相关，马虎不得。因为有朝廷规定的律令，州县官出行，鸣锣打三响或七响，称为"三棒锣"或"七棒锣"，意为"速回避"或"军民人等回避"；道府官员出行，鸣锣打九响，称为"九棒锣"，意为"官吏军民人等齐回避"；节制武官级的大官出行，鸣锣打十一响，称为"十一棒锣"，意为"文武官员军民人等齐回避"；总督以上的极品官员出行，鸣锣要打十三响，称为"十三棒锣"，意为"文武百官军民人等齐回避"。

家将

（三）家将扫街开路

比起一般仪仗，除了"鸣锣开道"，还增加了"家将"扫街驱邪的仪式，以示扫除一路邪魔，好让城隍爷顺利出巡。"家将"扫街开路之后，便是鸣锣、肃静回避仪仗牌。此外还有真人装扮成骑马出行的"状元夫人"。

幡旗

（四）幡旗与兵马

多彩多姿的幡旗阵列是城隍爷出巡踩街的一个特色，在这里，有大旗、神旗、代表各地及其各分支队伍名称的幡旗。此外，还有红黑黄蓝绿五色旗，分别代表五支队伍，并且有分别着五色舞台武打装饰的“五队兵马”。在“幡”系列中，有一根很长的竹竿，挑着“长幡”，是整个阵头队伍中的最高点。

（五）神像

神像队列是各地阵头之间有所区别的部分。后溪阵头队的神像一般有城隍庙配祀的神祇，如神将、大爷二爷（七爷八爷）、文判官、武判官以及电音三太子等。城隍爷被神轿抬着出现在阵头最后边。城隍爷是“坐”神轿出行的，神轿是后溪阵头队中最为抢眼的部分，因而抬神轿也自然地成为后溪阵头队中最令世人瞩目，或者说最具特色的部分。

“外行看热闹，内行看门道。”不懂行的，就是看到神轿（一般不止一座），也不会给予特别的注意。但要是有人告诉你，抬神轿有奥妙，奥妙就在于走步，你一定会问：那步法都有什么讲究？最大的特点就在于，他们在不同的地点与节奏中，分别采用“开三步”“开八步”“会神步”等。

神轿

1. 开三步

这是一般节奏下的

抬神轿行进步法，但一来因为它是一种集体动作，需要相互协调，二来因为要让神轿在既定节奏的行进中有一定程度的摇晃，而且要使神像正面往前看、稍呈仰视，不能让城隍爷双眼看地面，因此，就算一般节奏的行进，这步法也是有所讲究的。

抬神轿

2. 开八步

这是队伍行进至闹市或其他需要停留的表演场所时所用的步法。我们知道，所有踩街活动，都有在某些场所驻足表演的习惯做法。而对城隍爷巡游的踩街，驻足表演是包括城隍爷神轿的游动表演的。这时候的抬神轿用的就多是开八步，步伐有点儿像舞蹈的走八步，但又绝不是简单的走八步，因为它既需要神轿的游动，又要让神轿呈一定倾斜度，同时还必须有意识地按照节奏绕着场地走，以表达城隍爷绕境巡游的主旨。

3. 会神步

这也是在停留表演的场所用的步法，常与开八步交替使用。

在“开八步”的解释中我们说过，它体现了城隍爷是游动着的，是在出巡绕境的，是按特定的节奏、特定的步伐、迂回式地行进着。可是，这个队伍中“坐”神轿出行的神明不止一位城隍爷，他们在跟随城隍爷出巡的过程中，也被抬神轿的“轿夫”们用同样的“开三步”“开八步”迂回式地行进着。那么，它们之间一定存在“碰面”的机会，那碰了面还各走各的吗？答案是否定的。我们说过，城隍庙里的神明，以城隍爷为主，都是人格神，他们“坐”轿出行，碰面时，相互之间一定得有动作。然而他们又都是完全静态的塑像，会面时的动作也就完全地“托付”给了抬神轿的“轿夫”们。在长期的实践中，他们创造性地用步法走出神像们的“会面语言”。这种“会面语言”，按通俗的说法叫“神明之间打招呼”，而笔者为了表述需要，把它称为“会神步”。当然，不论是“会神步”，还是“神明之间打招呼”，都只能是象征性的，大致类似于传统戏曲舞台上表演中程式化的部分。不过，即使这样，后溪阵头队抬神轿的特色步法，仍旧是城隍爷出巡踩街活动中值得欣赏甚至应予钦佩的重要部分。

阵头中的神轿

二、 后溪阵头队在台广受好评

也就是这支后溪阵头队，在后来的两岸城隍信仰交流互动活动中，受邀前往台北、金门等地参加城隍庙会并做阵头表演，可谓是出尽风头、广受好评。2014 年，他们首次渡海参加台北霞海城隍绕境巡游，算是“初战告捷”，获得台北广大信众的一致好评。以下这篇《集美阵头队台北展风采》，系摘自 2014 年 6 月 16 日的《集美报》。

集美阵头队台北展风采

——后溪霞城城隍庙阵头队首次赴台以“阵”会友，增进两岸文化交流

“这是从厦门过来的阵头队吗？表演得太赞了！”2014 年 6 月 10 日，农历五月十三日，一年一度的台北霞海城隍绕境巡游热闹上演，集美后溪霞城城隍庙阵头队首次受邀参加，在各支表演队伍中极为抢眼，引来台湾观众的阵阵欢呼与喝彩。

舞蹈队

在台北街头，长达百米的霞城城隍庙阵头队格外引人注目，队员们身着白色上衣，红色裤子，有的高举大旗，有的鸣锣敲鼓，有的扮成两米多高的“神将”，抬脚踏步，边走边舞，一路行进，为城隍爷的神轿开道。

看到队员们的衣服上写着“厦门霞城城隍庙”，许多好奇的台北观众上前询问，听说他们是从厦门集美特地前来参加活动的，纷纷鼓掌喝彩，称赞阵头队的表演士气高昂、阵势十足。巡游时，途经台北本地阵头队的庙宇，本地阵头队

后溪阵头队在台北闪亮登场

就会出来迎接，双方以“阵”会友，互相切磋艺阵表演，让观众一饱眼福，大家纷纷举起相机拍下这难得的一刻。

集美霞城城隍庙阵头队组建于 2012 年 10 月底，队员主要是后溪村年轻的“80 后”“90 后”村民，他们除了苦练专业身段、走步，还要练习敲锣打鼓。因为平时都要上班，队员们大多利用晚上、周末时间进行练习。队员们都是自发参加，并且吃苦耐劳、乐在其中，为的是把城隍文化发扬光大。

因为阵头文化失传已久，组队之初，霞城城隍庙特地从台北请来三名老师进行指导，从神将制作到阵头表演，手把手教队员。队员们用心学习，很快就掌握了表演的要领。2012 年年底首届集美城隍文化节上，阵头队在踩街表演中华丽“亮相”，吸引了观众的眼球。组队仅半年多，阵头队便受邀参加了“2013 年金门浯岛城隍文化节”，并勇夺“神气奖”，在两岸阵头表演中一炮打响。

舞龙

后溪村村主任、霞城城隍庙管委会主任周勇坚告诉记者，为了本次赴台北参演，几十名队员利用晚上时间加紧训练，霞海城隍庙也派来专业师傅进行指导。此次能把厦门的城隍文化带到台湾来一展风采，增进两岸的城隍文化、阵头文化交流，队员们都倍感荣幸。

后溪霞城城隍庙踩街队伍的后边，也就是在城隍爷的神轿之后，便是参与踩街的各种民间文艺表演队伍，有宋江阵、

拍胸舞、歌仔戏、锣鼓队、歌舞队、乐队以及腰鼓队等等。除了这些，在后溪城隍爷出巡或是城隍爷圣诞日的文艺表演中，有一支队伍比较独特，这就是同样作为非物质文化遗产项目的属传统体育游艺与竞技项目的后溪城内五祖鹤阳拳。

文艺队

五祖鹤阳拳是福建武术的一大流派，它是清光绪年间福建泉州武术家蔡玉明融合了太祖、达尊（罗汉）、玄女、白鹤拳、猴拳五大拳术的精华，并结合了和（鹤）阳师的拳术，经过发展演变而创立出来的拳种。五祖鹤阳拳具有简单实用，花招少，走中门，连消带打，直截了当等鲜明的南拳特征；它刚猛激烈，手法简约，变化微妙，善于守而利于进攻；讲究“摇身震脚”地发劲，连绵不断的手法以及灵活转换的脚法，具有很强的实战性。

花样拳术

城内社地处集美区后溪镇后溪村，这里既临海又靠山，是厦门地区闻名的闽台古镇，也是海峡两岸城隍文化的源头霞城古城的所在地。这里至今还保存着较完整的闽南建筑和闽南习俗，传承着许多闽南优秀传统文化遗产，五祖鹤阳拳正是其中一朵奇葩。自古以来，城内一带常受倭寇和贼匪的侵袭，练武强身、保卫家园成了当地村民的一种习惯。城内

社最早开始学习五祖鹤阳拳是在清末民初年间，当时，蔡玉鸣的关门弟子沈扬德在新垵设立了“鹤阳馆”，城内就有人前往那里学拳，而五祖鹤阳拳真正在城内兴起是在二十世纪三十年代初。当时，城内有位德高望重的族人叫黄瑞永，他是当时村里的主事，他从新垵聘请沈扬德的高徒邱剑刚、叶沓连、蔡瑞全等人前来城内传授五祖鹤阳拳。其间，黄瑞永还出重资在今天的城内下角祖祠堂建起后溪第一个五祖鹤阳拳传习馆。此后，五祖鹤阳拳在城内便生根发芽、开花结果。二十世纪四十至六十年代，城内先后涌现了一批五祖鹤阳拳的知名拳师，如陈宗尧、王尚如、黄条勇、黄万年、黄西南等等。至此，五祖鹤阳拳在城内就一代代地传承下来，其名气也渐渐打响，在当时的集美、同安一带颇有名气。“文革”期间，由于种种原因，城内五祖鹤阳拳曾经中断一时。改革开放之后，有人恢复了五祖鹤阳拳的传承，但大部分人的精力还是向发展经济方面转移。直到1995年，当时黄瑞永的嫡孙黄军旺虽然年少，但十四岁的他不仅得到五祖鹤阳拳的真传，并开始做起五祖鹤阳拳的传承工作直到现在。2010年以来，黄军旺多次带领他的弟子参加在厦门、福州等地举办的国际武术大赛，先后获得了二十几枚的金、银、铜奖牌，黄军旺也荣获金牌教练的荣誉，城内五祖鹤阳拳也由此名声大振。

由于五祖鹤阳拳在后溪发扬光大，且组织健全，表演起来优美壮观，所以每逢城隍庙的大型活动，五祖拳都是不可缺少的文体表演项目的主角之一。

儿童表演五祖鹤阳拳

三、 两岸信众共庆霞城城隍庙建庙三百五十周年

2012 年 12 月 27 日，即农历十一月十五日，庆祝建庙三百五十周年的庆典活动在隆重的气氛中揭开了序幕。首先由村里经公选出来的八位德高望重的长老和道士领头做敬与进香、请天公，朝拜城隍爷等众神明，祈求一年五谷丰登、四季平安。随后，各种文化活动陆续登场。

2013 年 1 月 3 日（城隍爷祈安日）上午，来自海峡两岸的五十多家城隍庙的上千信众齐聚后溪霞城城隍庙，会香祭典，共庆霞城城隍庙建立三百五十周年。其中，来自台湾的有二十五家城隍庙的七百多名信众。台湾嘉义城隍庙、松山城隍庙、台北霞海城隍庙、云林斗六城隍庙、基隆护国城隍庙等，都在精彩的踩街表演中悉数登场。他们带来了富有台湾特色的八家将、电音三太子、公背婆、七爷八爷等特色阵头。这些名目有些在台湾城隍信仰活动中已传承了很长时间，另一些则具有时代的特点，比如电音三太子，比起传统的三太子，有着浓厚的科技色彩。

大陆方面，来自福建海澄、云霄、长汀等地的三十多家城隍

庙，则带来了具有浓郁闽南传统民俗色彩的车鼓弄、宋江阵、拍胸舞等表演，这些表演门类全是传承了几百上千年历史的民间演艺项目。

与此同时，舞龙舞狮、踩高跷、扭秧歌、耍杂技、布袋戏、歌仔戏、腰鼓队、鼓乐队等等民间文艺表演项目应有尽有。这些天，后溪到处沉浸在节日的喜庆里，一片歌舞升平，热闹非凡，把霞城城隍庙三百五十周年庆典推向高潮。

来自台北霞海城隍庙的信众陈振荣不无感慨地说：这次阵头踩街表演，构思巧妙，创意独特。通过城隍文化的交流，联系了两岸民众，加深了两岸人民对彼此文化的了解与认同。

“城隍爷祈安”活动一连持续几天，四方村庄百姓各自组成队伍前来祈福进香。除了来自台湾许多城隍庙的主事与广大信众外，还有来自新加坡、马来西亚等地的城隍信众也组团前来，并组成队列，参与庆典的踩街活动，用他们的诚心与霞城城隍庙共襄盛举。

海峡两岸城隍文化节部分参与者合影

四、应邀参加后溪霞城城隍庙三百五十周年庆台湾城隍庙名录

在三百五十周年庆典中，来自台湾的正式以宫庙组织名义前来庆贺并参与踩街活动的城隍庙名单如下表：

庙宇名称	庙址
苏澳城隍庙	宜兰县苏澳镇苏西里志成路 99 号
罗东城隍庙	宜兰县罗东镇中正路 128 号
基隆护国城隍庙	基隆市仁爱区忠一路 7 号
台湾城隍庙	台北市武昌街 1 段 14 号
松山霞海城隍庙	台北市八德路 4 段 439 号
台北霞海城隍庙	台北市大同区迪化街 1 段 61 号
保霞宫城隍庙	台北市中山区松江路 226 巷 21 号
台北府城隍庙	台北市松山区虎林街 3 号
新竹都城隍庙	新竹市中山路 75 号
境福宫	新竹市境福街 197 号
苗栗县城隍庙	苗栗市玉苗里米市街 5 邻 34 号
丰原城隍庙	丰原市复兴路 150 巷 7 号
丰原市慈济城隍庙	丰原市社兴五街 2 号
大甲城隍庙	台中市大甲镇朝阳里新政路 36 号
北台中城隍庙	台中市北区大诚街 115 号
台中都城隍庙	台中市东区十甲路 13 巷

（续表）

庙宇名称	庙址
埔里瀛海城隍庙	南投县埔里镇南昌街185号
草屯惠德宫	南投县草屯乡太平路2段287号
水里义民城隍庙	南投县水里乡民权路141号
竹山城隍庙	南投县竹山镇竹山里下横街16号
鹿港城隍庙	彰化县鹿港镇顺兴里中山路366号
大屯城隍庙	云林县尾街镇东屯里大屯31-1号
斗六云林城隍庙	云林县斗六市成功路531-10号
嘉义市城隍庙	嘉义市吴凤北路168号
七股厝明殿城隍庙	台南市七股乡十份村13-15号
左营凤邑旧城城隍庙	高雄市左营区店仔顶路1号
高雄市霞海城隍庙	高雄市盐埕区高野路81号
东港东福殿城隍庙	屏东县东港镇盛渔里延平路319号
潮州城隍庙	屏东县潮州镇三星里寿星路17号
屏东都城隍庙	屏东市南昌街12号
花莲城隍庙	花莲市成功街169号
台东善化堂城隍庙	台东市宝桑路340巷25号
澎湖马公城隍庙	澎湖县马公市重庆里光明路20号
金门浯岛城隍庙	金门县金城镇光前路40号
彰化田中镇悟修堂霞海城隍庙	彰化县田中镇尊东里山角路三段259巷122号

台北霞海城隍庙代表合影

台湾新竹都城隍庙代表合影

从后溪霞城城隍庙建庙三百五十周年庆典中，我们可以清晰地看到，古老的城隍庙从建庙到神缘传播海外，再到四海回归共同敬奉神灵，昨天与今天，虽然承载的是古老的城隍信仰文化，却在不经意间，为后人留下闽台两岸无法分离的民俗文化情缘。更有意义的是，人们在年复一年的城隍文化传承中，不断地为之添加着有益的素材，就像为百年古树增施养分，让古树老来频发新芽、喜开新花。

第三节　古老信仰文化的现代色彩

前面我们曾粗略说过，这里之所以被清康熙时期的著名军事将领李率泰和施琅看中，并在此建起被称为霞城的城池，一定是看中了其地处古后溪港出海处这一地理优势。而现在，有必要对这一问题作个简单的诠释。“霞城”的“霞”，乃“下”的谐音，出自这里的村社名称“下店”。当年同安县的一些社中，带“下”字的地名还不少，如下洋、下浦等。

毋庸置疑，在清康熙时期迁界、禁海过程中，在这里筑城，既是防止郑成功集团武力进攻的重要边防城池，又是对迁离海边二三十里的沿海民众严加管理的中心城市。之所以选择在这里建造这座城，是因为这里距离大海有一段水路，且可随时行驶大至三桅船的船只。敌方若要进犯这里，必须通过有着两岸各二三十里的陆地边防，才能导出海口；边民若要违法出海，同样难逃这段距离的两岸武力制约。这样的地方，不用说过去，放在当今，也是兵家或商家之重地。若在战争时期，它必然是军事上的要塞。

可以想象，清道光年间的同安人陈金绒，背着城隍爷金身，就是从这里下海先抵达厦门岛，再搭船奔赴台湾，从而写下跌宕起伏的关于霞城城隍庙的故事。

穿越三百多年历史，经历了两岸信众合力重建，霞城城隍庙迎来了具有中国特色的社会主义建设的今天。那么，它会续写什么样的现代故事，又会焕发出什么样的时代色彩呢？

就凭上面说到的地理优势，后溪镇在今天依然是闽台两岸许多商家以及文化人的“香饽饽”。就在2012年，经地方政府批准并扶持，由台商在这里开发建设了一个“闽台古镇”，中心地点就位于后溪城内社。这是一处民俗文化古镇旅游休闲区，区内分布着一百多处清代到民国时期的闽南大厝，多株百年古榕树，以及与台湾有着千丝万缕联系的霞城城隍庙。

可能有朋友要问：闽台古镇有哪些独特的东西？我们知道，说到古镇，大概就是一排旧房子一条河，或外加一座山一座塔什么的。而这座古镇除了城隍庙，还有什么？简单点说，有一个名人、一座城和一条街。

这个名人，就是清代军事名将施琅。早期当过同安总兵的施琅，曾两任福建水师提督，官至内务大臣，从一品；晚年闲居厦门，享年七十六岁，谥号靖海侯。当年，同安总兵施琅与李率泰在这儿建城之后，“夜以继日，废寝忘食，一面造船，一面练兵，兼工制造器械”，历时数月，使原来“全无头绪”（迁界、禁海、建城之前，这里除了居民与集市，不具备任何军事基础）的水师“船坚兵练、事事全备”。前前后后，施琅在这里驻扎了八年，到他领兵平定台湾之后，清政府取消禁海，霞城民众才得以安居乐业。加上这里历来就是远近闻名的商业重镇，所以霞城一带很快就成为闽南地区最繁华的商业枢纽之一。

为保护这座城，保护原有的民俗文化，促进海峡两岸文化交流，并进一步挖掘霞城的历史底蕴，2012年，由政府牵头，台商投资，两岸联手开发建设富有闽台民俗文化特色的古镇，并将

之命名为闽台古镇。

后溪镇是福建省厦门市集美区下辖的一个镇，厦门北站位于此镇。后溪镇位于厦门市集美区工业区北部，是集美工业区、文教区、新城区的组成部分，后溪镇有十个行政村，面积44．1平方公里，水源充裕，水质良好，境内还有三大自然溪流，可充分满足生产、生活用水。后溪镇旅游资源丰富，辖区内名胜古迹星罗棋布，白虎岩地势壮观险要，奇石林立；皇帝井、皇渡庵、苎溪桥、圣果院、寿石岩留下古老的传说；碗窑古窑址、城内旧城遗址，记载着后溪的文明，还有田厝的独木成林大榕树正被辟为旅游景点。

霞城位于后溪镇后溪村，距厦门市中心二十公里，距鼓浪屿景区二十五公里，到厦门北站仅五分钟车程；南至漳州市中心八十公里，北邻泉州市中心八十公里，处于漳厦泉三地的中心位置，交通极为方便。古镇地势平坦，闽南风格的古厝星罗棋布，自然环境幽静，山水景观优美。

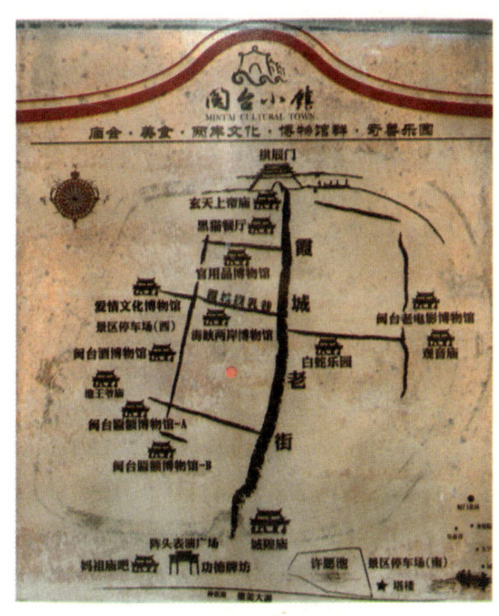

闽台古镇博物馆群落示意图

城与街连接成一个椭圆形街镇坐落于海边。“海边”，指的是古后溪港的出海处。这古镇，是结合了海峡两岸人文特色的闽台文化名镇；这老街，是堪比茶马古道的老街。老街蜿蜒于古镇四周，其间有个其他地方不多见甚至可以说独此一处的“博物馆群落”。

伴随后溪霞城城隍庙三百五十周年庆活动的举办、发展与推进，一种以“古韵博物馆”为主题的博物馆文化，在这里应运而生。为便于理解，我们可以看看这幅“闽台古镇博物馆群落示意图”，详细浏览图中所标的一系列博物馆：闽台匾额博物馆、闽台酒博物馆、海峡两岸博物馆、老电影博物馆、官用品博物馆、爱情文化博物馆。乍看这些博物馆，像是一般性的文化展览单位，但仔细观察，便不难看出，它们实际上是伴随后溪古镇建设应运而生的文化创意产品，也是随着城隍庙庙会文化的繁盛而出现的民俗文化产物，是为海峡两岸信仰文化注入时代内涵的新的品牌。

（一）爱情文化博物馆

在后溪古镇文创产品系列中，最为引人注意的应该是爱情文化博物馆。在道教的神系里，有一个被称作红喜神的神明，传递的是中国传统文化中的“月老文化”。月老，在民间称月下老人。月下老人是传说中主管婚姻的红喜神，也就是媒神。传说中，媒神是天庭的一位上仙。月老这一形象，最初出自唐朝小说家李复言的小说集《续玄怪录》中的《订婚店》。

月下老人系红线确定男女姻缘的故事，演变成为道教神系中的红喜神，在包括城隍庙在内的庙宇中予以配祀，并得到许多年轻信众的崇拜，人们常常前往庙中或借庙会之日，向“月下老”红喜神三叩九拜，并向“月老神签”求签问卦，以求美好姻缘。

设在闽台古镇的爱情文化博物馆，实际上是自古流行于我国民间的“月老文化”的延续。而在庙会期间，它又展现了独特的文化功能与色彩——一项更具时代内涵的活动：第十二届海峡两岸闽台婚俗旅游文化交流活动。

到 2014 年，“海峡两岸闽台婚俗旅游文化交流活动”已是第

十二届了。这次活动打出的口号是“2014，我们一起结婚吧”。此时，海峡两岸闽台婚俗旅游文化节已然成为一个较为成熟的品牌项目。在2010年，该活动被列入国台办重点交流项目规划。这个项目的活动，除了展现传统嫁娶礼俗外，还穿插包括旅游结婚典礼在内的现代与传统相结合的集体婚礼，为闽台婚俗旅游文化提供了交流平台，同时提高了集美后溪的知名度和影响力。

（二）闽台老电影博物馆（霞城电影院）

闽台老电影博物馆内展示了一百多岁的老电影机、电影胶片（共收录六七百盒），另有老式留声机、老唱片、京剧“四大名旦”（梅兰芳、程砚秋、尚小云、荀慧生）的专辑。此外，展品中还有老式收音机、电视机等旧时的影音电器。

闽台老电影博物馆

（三）海峡两岸博物馆

海峡两岸博物馆主要展示两岸之间的民俗文化用品，其目的是通过展现文化的共通，证实祖国大陆与台湾一衣带水、一脉相承。馆内留有台湾名人连战、马英九等人为该馆建馆送来的贺词题字等。通过台湾的石斧、石锛、陶器等农牧渔猎的生产工具，以及台湾老行当，台湾“三宝”茶、糖、樟脑，台湾早期婚嫁用具等民俗用品，台湾早期的某些报刊、奖券等，展示近代台湾历史、文化、商业、民俗等方面的发展历程，从而使观众了解台湾近代的社会状况以及两岸的文化渊源。

（四）闽台官用品博物馆

闽台官用品博物馆展示部分清代皇族及官员的服饰、兵器、科举试卷、石头圣旨、官牌、官印、官封、功牌等具有文史意义的藏品。在上千件文物中，有一件“镇馆之宝”——十二寿屏。这组屏风是由清嘉庆年间受皇命册封为琉球（群岛）正使的齐鲲为祝贺其师母陈孺人六十岁生日所做的贺品。齐鲲（？—1814 年），字鹏霄，又字北瀛，侯官县齐安乡人（今福州市仓山区盖山镇齐安村），为清嘉庆六年（1801 年）进士，嘉庆十三年（1808 年）奉命就任琉球正使。

闽台官用品博物馆

清代著名文学家沈复在《浮生六记》卷五《中山记历》的初稿《海国记》中，详细记载了他与琉球正使齐鲲一同前往琉球任职途中经过我国最东端岛屿钓鱼岛的经过。这段履历、记载，乃至齐鲲的这组屏风，可从侧面印证关于钓鱼岛的真实隶属。

沈复（1763—1832 年），字三白，号梅逸，长洲（今苏州）人，清代杰出的文学家，出生于士族文人之家，但没参加科举考试，曾以卖画为生，后充当官场幕僚。清嘉庆十三年（1808 年），清廷册封齐鲲、费锡章为琉球正、副使，并组成使团前往就任，此时的沈复担任使团的“司笔砚”。史料记载，沈复的《浮生六记》正是作于清嘉庆十三年。《浮生六记》是沈复的自传体作品，其后二记即《中山记历》与《养生记道》早已失传，后

司马第

人仅凭清代著名学者钱泳于1840年亲笔所写的手抄本予以认定。另据记载，2005年，有人发现了一本名为《记事珠》的手抄本，经专家鉴定，正是沈复失传已久的《浮生六记》卷五《中山记历》的初稿《海国记》。2010年9月，海峡两岸专家学者召开原件认证会，确认了《海国记》中所记述的史实。

（五）闽台酒文化博物馆

中国的酿酒文化有着悠久的历史，而自从酿酒工艺开始形成，国人就与酒结下了不解之缘。古代将士披甲出征，文人写诗作画，金榜题名之欢，乔迁荣升之喜等等，无不行酒宴之礼。在中国古代文献、诗歌、小说、戏曲中，留有极其丰富的关于酒品与酒礼的叙述，许多脍炙人口的诗、词、曲、赋以及妙趣横生的传说故事、楹联名对中，都有大量的作品传递着中华博大精深的传统酒文化。酒文化博物馆收集有闽台两地形态各异、造型奇特的酒缸、酒壶、酒瓶、酒杯等酒具，中西兼容、多彩多姿。

（六）闽台匾额博物馆

匾额融书法、雕刻、装饰、建筑等艺术形式于一身，具有很高的历史、文化以及书法艺术方面的研究价值。馆内收藏有数百块匾额，类别有：圣旨匾、宰相匾、状元匾、进士匾、贡元匾。其中，圣旨匾就有八十多块，每一块匾的背后都有一段历史故事，都是对中国博大精深的传统文化的丰富展示。此外的涉台匾，又因其所具有的特殊地域价值，为我们研究闽台的“五缘文化”提供重要的实物例证。

（七）两岸美食文化节

中国的传统庙会，除了有各种文艺演出相伴外，另一个重要的配角便是美食展销了。有道是：“民以食为天。”世界上最会做生意的犹太人，崇尚这样一种说法：做生意共有三十手，其中第一手，就是“做嘴巴的生意”。这“第一手”，实际上就是我们所

说的餐饮业，赚的是食客的钱。

做食品营生的生意人，当然瞧准了城隍庙会上的人流涌动。现时集美区管辖的后溪地区，历来属于商业较发达的地区，而且有不少传统美食流传至今。比较成规模的，是在第三届两岸城隍文化节，即霞城城隍庙建庙三百五十二周年的2014年农历十一月廿二日的“城隍爷祈安日”前后，美食界的同行们会同旅游部门，举办了“香飘两岸”美食文化节，以“诚信后溪、古韵霞城”为题，打出“赏美景、阅历史、逛庙会、品美食”的以美食会香客、以美食带动旅游的文化活动。在彼时的城内南门埕广场，一口肠、麻糍、蚵仔煎、章鱼丸、红豆饼等来自台湾以及闽南一带的著名特色小吃，让游客们一饱眼福更一饱口福。

台湾的食品业发展比大陆要早一些，所做的小食也显得精致、好吃，深得大陆同胞的欢迎。登陆霞城城隍庙庙会“美食节”的美食，有远近扬名并常被作为“伴手礼”的凤梨酥，有海峡两岸都流行且各有千秋的海蛎煎（蚵仔煎），有显示最新食品科技水平的“飞碟冰淇淋”，还有糕点中的名品豆饼，以及深受盒饭爱好者喜欢的台湾卤肉饭等等。

谈及闽台美食，不能不说一道最特殊的美食。说它特殊，主要是因为这道菜的来历。其实，也就是一道普通的烤鱼，但因为来历奇特，是由当年建造霞城及霞城城隍庙的同安总兵、后来的福建水师提督施琅所创。施琅活到七十六岁，晚年是在厦门赋闲。也许是长年工作生活在海滨的缘故，他喜欢垂钓，并且喜欢把钓到的鱼亲手制作成烤鱼。据说施琅将军做的烤鱼用料讲究、火候极佳，逐渐流传民间。有人称之为“施琅烤鱼”，而笔者觉得，似乎可以称之为“将军烤鱼”“靖海侯烤鱼”。

纵观霞城城隍庙三百多年的历史，我们完全可以肯定地说，古老的民间信仰文化，在被崇拜、祭祀、保护、传承的过程中，顺应了历史的潮流，不断地被赋予信仰文化的现代色彩，从而也不断增加其自身的生命力。

第四节　汇聚两岸人文情感的当代传承与发展

今天，中华民族已进入新时代中国特色社会主义建设时期，中国共产党十九大报告中明确指出，我国社会主要矛盾已转化为人民日益增长的美好生活需要和不平衡不充分的发展之间的矛盾。面对新的社会背景，作为民间信俗的城隍信仰，该以什么样的姿态走进新时代，走进新生活？这是今天必须面对的重要命题，即城隍信仰的当代传承与发展应该如何进行，以及如何展现城隍信仰的新时代中国社会主义文化特色。

弘扬“非遗”文化，彰显时代正能量。十九大报告中关于社会主义文化建设方面还指出，要加强文物保护利用和文化遗产保护传承。不论是对文物的保护利用，还是对文化遗产的保护传承，都有一个至关重要的环节，那就是创新。要通过创新，实现社会效益与经济效益的统一；通过创新，实现传统文化的活态传承，从而留住文化根脉并为不断提高人民生活水平贡献力量。

作为民俗信仰的城隍庙，现代文化精神的体现是通过各种信俗活动达到弘扬城隍信仰文化的作用。对此，霞城城隍庙管委会与后溪村委会通过研讨认为，当今弘扬城隍信仰文化，应该做到“三个融入”。

一、 融入闽南文化生态保护实验区

闽南文化生态保护实验区是 2007 年 6 月经国家文化部批准设立的我国第一个国家级文化生态保护实验区，它的设立标志着整个闽南地区，尤其是厦门市的非物质文化遗产保护工作，由静态的单项保护进入活态的、整体性保护的新阶段。

闽南地区总面积 2.5 万平方公里，西北多山，东南濒海，地势从西北向东南倾斜，地形多样，山地、丘陵、平原、河流俱全。闽南海域面积约 3 万平方公里，海岸线总长约 1400 公里，沿海岛屿星罗棋布，拥有大小港湾数十个。主要有：湄洲湾、大港湾、泉州湾、深沪湾、围头湾、安海湾、厦门湾、旧镇湾、东山湾、诏安湾等。

自古以来，沿海地区的闽南人过着“以海为田”的生产生活方式。北部的戴云山，南部的博平岭以及东临的台湾海峡，大体构成闽南区域范围。区域内，晋江、九龙江蜿蜒而过直入大海，成为闽南地区物质、能量循环的两大动脉。两江串联着两岸众多的河谷、盆地，成为闽南区域文化发展的物质依托。历史上闽南的州、府、县，大都散布于这些河谷盆地之中。“三面环山，两江入海”成了闽南地区的地理环境特点，也为闽南文化的生成、发展提供了舞台，同时在长期的运行轨迹中形成自己的文化特征。

闽南文化是一种开放性的海洋文化。商业性、开拓性、冒险性、兼容性，是这种海洋文化的基本特征；闽南人掌握航海技术，开辟海上贸易；闽南人崇拜福佑帝君、妈祖等航海神，保留着祈风、送王船、送顺风、脱草鞋等海洋习俗，同时融合阿拉伯、东南亚以及西方多种文化，创造了闽南文化在中国海洋文化中的重要地位。闽南文化蕴涵闽南人复合型的人文性格。这种复合型，是耕读为本与商业意识、安分守己与开拓进取、重礼尚义与务实逐利、崇文重教与冒险犯难、传统守成与开放兼容、爱国爱乡与海外眼光等相辅相成的人文性格。闽南文化也是一种世代延续的宗族文化。她保留着完整的宗族文化形态，这种形态也是联系海峡两岸以及东南亚闽南人的血缘纽带。

闽南文化带着多样性的民间信仰。自然山川、生育女神、忠义圣贤、禅道神仙、冥厉瘟神，海神、水神、树神、财神、医神、戏神、乐神，乃至犬神、鸡神、鼠神等动物神，多种民间信仰，既有中原移民随迁徙携带而来的，也有域外传来和本土产生的，构成了闽南民间信仰的复杂性和多样性。各地甚至在不同的村落，都有自己相对独立的地方保护神，将不同姓氏的宗族组织整合起来而构成各自的乡族社会。闽南地区就是由这些大大小小的乡族社会构成的，而这些地方的保护神又随着闽南人的移民性迁徙，扩散到世界各地。移民们同样以地方神祇来复制出一个个闽南的乡族社会。民间信仰是他们建设家园、战胜困难的精神寄托，也是他们及其后裔对闽南本土文化认同的标志。至今，台湾同胞、世界各地的闽南人，仍通过进香谒祖的形式来认同闽南文化和中华民族文化。闽南文化生养了诸多个性鲜明的民间艺术，南音、梨园戏、高甲戏、歌仔戏、掌中木偶、提线木偶、皮影戏、讲古等等，每一种艺术形式，都带着闽南文化的特质。

闽南文化饱含追求和平的民族精神。闽南人祈求四民有业、国泰民安、风调雨顺、五谷丰登；不论走到哪里，都祈求世界和平繁荣、祖国兴旺统一、民族团结向上。

我国各族人民在长期生产生活中创造的丰富的非物质文化遗产，是中华民族智慧与文明的结晶，是连接民族情感的纽带和维系国家统一的基础。加强非物质文化遗产保护不仅是国家和民族发展的需要，也是人类社会可持续发展的必然要求。党中央、国务院历来高度重视“非遗”保护工作，大批非物质文化遗产代表性项目和代表性传承人得到有效的保护。

为了更好地对非物质文化遗产、物质文化遗产、自然文化遗产及其保存、生存环境进行整体性保护，国家在厦门专门设立了闽南文化生态保护区。这个国家级的保护区是指以保护非物质文化遗产为核心，对历史文化积淀丰富、存续状态良好，具有重要

价值和鲜明特色的文化形态进行整体性保护，并经国家文化部批准设立的特定区域。国家设立闽南文化生态保护实验区的指导思想很明确，是要坚持以现代中国特色社会主义理论为指导，全面深化改革，加大文化遗产保护力度，构建科学有效的文化遗产保护体系，提高全社会的文化遗产保护意识，充分发挥文化遗产在传承中华文化、提高人民群众思想道德素质和科学文化素质，增强民族凝聚力，促进现代社会主义文化建设和构建社会主义和谐社会中的重要作用。

同时，闽南文化生态保护实验区的工作要按照国家制定的基本方针：非物质文化遗产保护要贯彻“保护为主、抢救第一、合理利用、继承发展”的方针；要坚持保护文化遗产的真实性和完整性，要坚持依法和科学保护、正确处理经济社会发展与文化遗产保护的关系、统筹规划、分类指导、突出重点、分步实施的原则。

拥有等级如此之高、机制如此完备的闽南文化生态保护实验区，实在是厦门地区千载难逢的机遇。而当我们谈及城隍信仰弘扬“非遗”文化、彰显时代正能量的时候，理应首要把握的一条，就是将城隍信仰的“非遗”保护以及庙会习俗的文化传承，完整地融入闽南文化生态保护实验区的框架中开展工作。

二、 融入现代经济生活

经历四十年的经济体制改革，如今的后溪，位于集美新城中心区，经济昌盛，文化繁荣，现代城市演艺业发达，人文旅游景点密布。全区上下，以一个精神（嘉庚精神）、三个文化（华侨文化、现代闽南文化、学村文化）为主导，建设彰显人文集美、全面繁荣的海湾城市新型城区。区内除了霞城城隍庙外，还有闽南童玩（国家级）、闽南童谣（国家级）、答嘴鼓（国家级）、灌口凤山大使公信俗（省级）、厦门歌仔说唱（省级）、杏滨马銮有应公信俗（市级）、孙厝惠应大师信俗（市级）、集美端午龙舟赛（市级）、嘉庚瓦制作工艺（市级）、集美社元宵祭祖习俗（区级）、姜屿山西井铁炉宫关帝信俗（区级）、后溪城内五祖鹤阳拳（区级）、灌口周氏传统秘制卤味（区级）等十几个非物质文化遗产项目。除此，集美区内拥有五条旅游线路：研学旅游线路、城市文化演艺旅游线路、运动休闲旅游线路、美丽乡村旅游线路、夜游集美旅游线路。由这五条线路串起来的旅游景点有三十个以上。

面对如此历史、地理、文化优势，霞城城隍庙的主事者们一致认为，必须把城隍信俗活动纳入全区范围乃至全市范围的“非遗连线”与“旅游连线”。在本区范围尤其是与霞城城隍庙邻近的“非遗”项目中，有不少也是属于民间信俗类。其中的凤山祖庙（即灌口凤山大使公信俗，福建省文物保护单位、省级非物质文化遗产保护单位），值得一书。

凤山祖庙位于集美区灌口镇灌口街北侧的凤山上，始建于明代天启、崇祯年间，距今约三百七十多年，为前后二进挑山琉璃瓦顶结构，由前殿、天井、后殿、左右厢房、庙前日月亭等组成，建筑面积约五百七十平方米。

走进凤山祖庙，首先映入眼帘的有两样东西。一是当初由清代同安的举人、太学生所撰书的古老楹联，其中最显眼的有“济世清风崇礼义，救民甘露洒乡邦”和山门正中的“真君降孽蛟伏螺精功德不朽，大使开灌口拓台郡业绩千秋”。二是两方碑刻，其中一方为清乾隆五十一年（1786 年）重修凤山庙碑记，为研究该庙历史以及与台湾神缘关系之重要文物。另一方碑刻则是《凤山庙碑志》，为表其详，以飨读者，特将该碑志文转录于下：

灌口者何？本真君著灵西川灌口县而得名也。凤山祖庙者何？明启祯间牧童叱牛于此牧之，得一炉，镌曰：李府清

元真君。盖四川来为深青驿吏而遗于此者，李讹为岑，古篆误耳。后有祷焉报应，稍稍构椽祀之。至国初，爰立是庙焉。庙中像三者何？始不知神像之奚若也。真君乃夜觉父老曰：三月七日有指挥从孔道来，马前一白犬导之，此少年似我也。至期，召匠俟道旁，果有三指挥至，遂立像三，而因以三月七日定祭期。夫真君当秦时佐圣父冰守蜀，安制毒龙，祀之宜矣。传炉来于乾隆初，助里人陈提军战功，请于朝而加封焉，讵不为灵昭昭哉？但历年祭费犹烦鸠集，幸台郡分炉者叠寄，偕公从中因募建之，以垂久计，惟愿保神庥于勿替云尔。

凤山祖庙发端自一尊香炉。明代天启、崇祯年间，有四川灌江人到同安深青驿站当驿吏（也称驿丞），随身携带来一尊香炉。驿吏死后，香炉流失山野，为牧童所得。乡民见香炉上镌刻有“李府清元真君”字样，对之祷告，甚有灵验，便为之建一小庙。延至清初，信众愈多，庙的规模也逐渐扩大。至乾隆年间遂有凤山庙。

关于凤山祖庙，另有志书所载，却与上述说法有所不同：“凤山距县五十里，相传明时设驿，有四川灌口人为丞，于此奉一二郎神炉并一猎犬。后丞殁，遭兵驿毁，神炉弃道旁。犬恋恋不离炉侧，忽一日衔炉到凤山，卧守不去。乡人异之，为筑小庵于其地以奉香火，犬乃不知所处。后屡著灵验，乡人鸠众建庙。”

两种关于凤山祖庙来历的说法，都是近乎神话传说。在民间信仰范畴内，香炉是用以插香火的器具，也为神的食具。也正因如此，香炉与神有着同等地位。而这个传说中，有一只神犬不离不舍地守护一尊香炉，对信众来说就更具神力，也更添神威。

不过，在人们为之建庙之时，却遇到一个难题：“清元真君”长什么样？也就是说，神像该如何雕塑？于是，上一则传说亦即碑记所述，便给出一个绝佳的方案：有神灵托梦给乡村老者，说农历三月初七某时，有官居指挥使的官员（因事出明代，此处的官员是为明代官署名指挥使，或指纯军事上的兵马指挥使，或指皇帝的侍卫机构锦衣卫的指挥使）从大路上经过，此人容貌与托梦的神灵相似，他的标志，是由一只白犬带路。第二天，乡民和请来的匠人一起在路旁等候，时辰一到，果然来人。但是却来了三名官员，而且都英俊潇洒、相貌庄严。乡民们一时不知该选哪个容貌雕作神像。后来有人顿悟，将三人相貌全都描摹并雕为神像。因为三人都是锦衣卫指挥使装扮，民间便称之为“大使公”。三月初七也被定为祭祀日。

“清元真君”的全称为“李府清元真君二郎神”。相传，这个二郎是秦代蜀郡太守李冰之子李二郎。李冰父子修筑都江堰功德传世，因而演义出种种传说。都江堰修成后，成为灌溉“天府之国”之水的入水口和灌溉渠，灌口因而得名，李二郎也被称为“灌口二郎神”。久而久之，人们为之立祠，曰“二郎庙”。后来的《封神演义》中，有个“二郎神”，但并非“灌口二郎神”，而是杨二郎杨戬，相传他是玉皇大帝的外甥，亦人亦神，额头长一只神眼，手持三尖两刃枪，身边有哮天犬跟随，通晓七十二变法，在《西游记》中，曾与孙悟空斗法纠缠。

这样的神人，在民间被尊为能驱魔消灾、降妖镇宅、整治水患的神灵，因而每逢民间节令庙会，自然要奉请大驾。人们对灌口李二郎的传说中，也有神犬一说，这就与《封神榜》里的“二郎神”趋同了。

凤山庙的前方，有口水潭塔仔塘，它的传说是：明朝时，这里有天螺精作怪，所以常常行洪决堤，百姓遭殃。有结义的三兄弟，决心为民除害，但不敌螺妖，结果战死水中。清元真君闻讯，带义犬前往，用“阿弥石”镇住天螺精，将田螺壳制成香

炉，显于神像前，又将神灵附在三义士身上，让他们在凤山庙为“三大使”，永享人间香火。这便是凤山祖庙山门正中那副楹联的由来。

清朝乾隆年间，乡人陈提军作战中率众立功，有人说究其原因是因为身带凤山庙的香灰。在民间，信众视香灰为神祇威灵的结晶，随身携带如神仙附体，所以奇勇无比。战后，朝廷论功行赏，“大使公”也加封为“太子太保”，且重修庙宇，神祇再塑金身。凤山祖庙因灵验而香火旺盛，香客盈门，附近也自然而然地形成了墟市。据县志描述：“平地突起，四周赤山环映，宛肖丹凤翔舞。山南烟火千家，为灌口墟。”可见在清代，这里人烟稠密、市井繁华。乡人感念往日驿吏传炉之恩，便将地名改与驿吏家乡同名——灌口。

伴随人潮流动，灌口大使公香火逐渐外传，民间称之为“分灵”“分香”“分炉”。同安东溪建有“二郎神殿”，同安五显建有“五显宫”，将二郎神与观音、妈祖同奉。此两处的“二郎神”均分自灌口凤山庙，不过他们都将二郎神塑作杨二郎模样。漳州、泉州一带也有不少分炉。

灌口还曾是清初郑成功收复台湾前的军事基地之一，郑氏集团也祭拜凤山庙，祈求“大使公”庇佑，所以在那时，“大使公”就到了台湾。到了台湾的“大使公”，多被称为“王孙大使”。较有代表性的有清康熙四十七年（1708 年）陈国祚等人渡台海垦荒，定居于嘉义一带。他们行前奉请了家乡的大使公随同前往。到清乾隆年间，陈家后人捐地筹资，建成“圆山宫”，内祀“王孙大使”，并有“猎犬公”配祀。而关于这个“王孙大使”，坊间则另有所传：说王孙大使原名叫谢圣贤，宋朝人，是王孙子弟，八岁时就带爱犬云游四方。某日谢来到福建泉州府同安县安仁里堡坑社，投宿于陈员外府上。当时这里有座凤山，山脚有一潭湖，相传湖中有天螺精化作人形作怪，导致地方不安。而陈员外的千金被天螺精缠身一病不起。谢圣贤手持宝剑，与爱犬一同跳入湖中斩妖除怪，去除祸害。此时，空中传来鼓乐仙音，说是迎接谢圣贤归于仙位。于是，谢圣贤与爱犬一同升天。此后，乡民感念人犬之功德，便在凤山之下兴建庙宇，称“凤山宫”。

建庙之初，往来于台湾海峡的航海者、商人，多到这里祈求平安。而自清光绪年间起，更有信众到此求医治病，“大使公”的威名更是远播东南亚一带。马来西亚槟城的邱氏家族源自厦门现今海沧区的新垵社，其宗祠“龙山堂”的“正顺宫”奉祀“王孙爷”和“大使爷”。不过，这里的“王孙”“大使”，已演变为“晋代奇勋”的谢安与谢玄叔侄二人。

我们不厌其烦地转述后溪周边另一个民间信俗的故事，目的在于通过提供一些其他信俗的故事及其有关资讯，为霞城城隍庙的管事者增加一些关于“非遗连线”工作方向的思考。所谓“非遗连线”，就是要通过吸收其他庙宇及其神灵故事以及信俗活动的管理经验，增加传统文化的认知、扩展民间信仰体系的认识，从而在非物质文化遗产保护与传承的层面上，与其他“非遗”项目展开某些横向的“文化联谊”工作。也就是以宏观的非物质文化遗产保护与传承的思维，尽量多地接触和涉入整体形态的民俗文化，包括以“他山之石可以攻玉”的思想对兄弟“非遗”项目多加研讨，从而增加关于民间信俗的规律性认识，并提高本体信俗活动的管理水平。

尽管凤山祖庙的传说有着各种版本，但都没有游离降妖除魔以及“白犬”这两条线。透过关于“大使公”的各种传说，能使我们对民间信俗产生两点思考。一，我们大体看出了一个关于凤山祖庙神祇解读的人为轨迹：其主祀的神祇大使公，渐渐地从原本的传说自然神转向传说中的甚至是真实历史人物的人格神；

二，不论是传说中的自然神，还是人格神，其神灵与功能都围绕着降妖除魔、去病救灾、保国护民等。在同是道教体系中的这种解读趋向，完全符合闽南信众的信仰心理，也与城隍信仰的神祇谱系十分相似，可将两种信仰文化进行比较与研究。闽南是多神崇拜、多神祇祭祀的地区，对城隍神与大使公都抱有信仰的信众大有人在，因此，对两种信俗加以比较性研究并非多余。这种研究的结果，既不是把其他民间信俗的神祇引进本庙，也不是硬要把其他信俗的信众引进本庙，而是通过加强“非遗连线”意义上的“文化联谊”，从而将彼此纳入区域范围的“旅游连线”。

说到“旅游连线”，不能不说一个旅游经济的话题：重走千年古驿道，再塑商业新繁华。在古代霞城附近，有一条千年古道，北接马巷—洪塘—莲花，乃至新圩—十八湾，古道去往安溪、南安、泉州、兴化等地；南连苎溪桥—灌口—深青—东孚—角尾，直通龙海、漳州乃至汀州、梅州。这条古道，被誉为东南沿海的“茶马古道”，也是当时的旅游经济带。由于古代后溪一带商业发达，墟市繁华，带动了这里的商贸活动，呈现一片繁荣景象。其中苎溪桥、深青古驿站等处远近闻名。

苎溪桥位于距坂头水库一里路之处，始建于北宋大观年间，是厦门地区现存最古老的石板桥。据载，宋代时苎溪流域的农业、手工业都很发达。相传，能灌溉大片田地的“陈婆陂”，是唐宣宗李忱为酬谢之前“一饭之恩”的陈婆而建的水利工程。而此地一里之外的碗窑所生产的瓷器，就是经苎溪桥运往内地的。明清时代，这里有“苎溪铺”，是介于龙溪县丹霞站与同安县大轮站之间的驿站。它上接新塘铺，下接安民铺，是同安县通往漳州府的驿道中的重要一站。明正统九年（1444年），朝廷在此设立苎溪巡检司。一直到民国初年，这里都人来车往，繁荣兴旺，米行、布店、客栈密布，房屋毗连，人群稠密，俨然一个闽南大集镇。苎溪桥旁，有座观音庙，始建于宋代，清道光十年(1830年)重修。

深青驿站位于今灌口镇深青村，是宋元时期漳州—泉州古驿道上的一个驿站，建于元代，由驿馆、驿埕和洗马池等组成，占地面积约一千五百平方米，建筑面积约有六百平方米，驿馆分前后院，其他厢房为驿信兵的宿舍和马厩。深青驿站于民国初年毁于北洋军队的反袁战事，现存深青驿楼建于明朝洪武年间，是目前国内存留不多的古代邮驿遗址之一。该楼为穿斗式建筑、硬山顶砖木结构的两层门楼，左有水月潭，右有茂林庵，背面是旧时繁华的驿口街，正面还有建于明正德年间的深青石桥。深青村旧民居建于明代，现仍存有土楼、宫庙、学堂、店铺、鲤鱼坝、风狮爷等文化遗址。与深青古驿站最有文化渊源的，当是上面详述的在台湾有着一百六十多座分灵的凤山祖庙。

早在明代，这条被誉为闽南“茶马古道”的旅游经济带就非常活络，只是在清朝初年曾因“迁界禁海”而一度消沉。但时过不久，清康熙十八年（1679年），朝廷下令复界，霞城一带逐渐恢复了往日的繁荣。商业的发展不仅使得霞城城隍庙香火旺盛，还使“茶马古道”镌刻上昔日的繁华。

当年的城内城，是台湾与厦门的玄关，是进口内陆的隘口，不论要从厦门进入内陆，还是要远渡台湾海峡，这里都是必经之地。来自长泰、林墩、同安莲花等地的商人从厦门出海，也需在此地中转。中转站的地位催生了古道的繁荣。那个时期的古道热闹非凡，过往的商户，游学的学子，无不在这里往来。沿路的镇村成了繁华的驿站，辛劳的商旅每到这里，都会停下来歇歇脚，住一晚，用美食犒劳一下自己，然后再进行贸易，或往前赶路。而霞城，则在繁忙中逐渐走向繁荣。

接着，衍生出霞城至霞海之间城隍信仰的神缘，让这个闽南

村落与大海对岸的台湾以及东南亚许多地方产生了信仰文化的纽带。每逢城隍爷诞辰日、祈安日，台湾地区、新加坡等地的城隍庙主事者以及广大信众都会组团前来参加，共襄盛举。两岸同胞因城隍庙结缘，霞城城隍庙因两岸同胞的勤勉合作而繁盛。城内社霞城城隍庙也因此成为两岸亲情互通与民间信仰文化交融的胜地。

如此说来，“非遗连线”与“旅游连线”实在是一种颇有经济意义的“双联”。在集美区十几个非物质文化遗产项目中，属民间信俗类的就有六个，它们与其他所有“非遗”项目一起，被镶嵌在集美区的五条旅游线路中，成为全区数十处旅游景点中的一处。作为文化旅游大区，集美区强调景点推介意义上的“旅游连线”，有助于让“非遗”项目更好地融入现代经济生活，使之成为新时代中国特色社会主义建设的组成部分。

三、 融入新时代中国特色社会主义文化

今天，拥有五千年灿烂文明的中华民族，以强大的国家实力、优秀的民族文化，走进昌盛的新时代。面对这个时代，中国文化必将大有作为，而传承了两千年的城隍信仰文化，又该如何伴随与时俱进的中国传统文化走进新的时代？

众所周知，中国的民间信仰起源于中原地区，但在几千年之前就在闽南地区扎根。西晋太康年间，晋江已有道教玄妙观，南安有佛教延福寺等。唐五代时，闽南佛教兴盛，代表性佛寺有泉州开元寺、承天寺和漳州南山寺、三平寺等，还出现了义存禅师等数位高僧。同时，本土民间信仰也开始兴起。唐初开发漳州的将领陈政、陈元光（开漳圣王），唐代的李元溥（福佑帝君），五代将领张悃（青山王）以及五代牧童郭忠福（广泽尊王）等被当地民众奉为神祇来祭祀。至宋代，闽南民间信仰的发展更进一步，建造了许多庙宇，也创造了不少本地神祇。

按照福建各地城隍庙兴建历史的不完全统计，在闽南地区被列入的十八座城隍庙中，建造时间最早的是安溪县城隍庙，建于南唐保大元年（943 年）；建于两宋时期的三座（惠安县 1023 年、泉州府 1057 年、漳州府 1215 年）；建于元朝的两座（南靖县 1341 年、长泰县 1349 年）；建于明朝的六座（南安县 1368 年、漳浦县 1436 年、平和县 1527 年、诏安县 1530 年、同安县 1566 年、海澄县 1571 年）；建于清朝的六座（厦门 1736 年、永春州 1795 年、德化县 1795 年、大田县 1796 年、漳平县 1798 年、东山县 1798 年）。

历史上厦门地区曾有过五座城隍庙：厦门城、高浦城、霞城、同安县、马巷厅城隍庙。其中，同安县城隍庙建于明嘉靖四十五年（1566 年），厦门城城隍庙建于清乾隆元年（1736 年），高浦城城隍庙建于明洪武二十一年（1388 年），马巷厅城隍庙建于清乾隆三十九年（1774 年），而本书的主角霞城城隍庙建于清康熙元年（1662 年）。

综上所述，厦门乃至闽南地区的城隍庙，建庙时间最晚的也都有两百多年历史了。我国是一个有多种宗教的国家。在我国，佛教已有两千年左右历史，道教有近一千八百年历史，伊斯兰教有一千三百多年历史，天主教和基督教则主要是在鸦片战争之后得到发展。属道教体系的城隍信仰，也已有近两千年的历史。而尊重和保护宗教信仰自由，则是党和国家对宗教信仰问题的基本政策。

作为传统文化门类之一的城隍信仰文化，则要理所应当地在文化自信的精神家园里，自觉地发挥建设中国特色社会主义先进文化的阵地作用，自觉遵守《中华人民共和国宪法》，处理好民俗活动与宗教活动的关系，遵守法律、法规，牢记任何人不得利用宗教活动场所进行破坏国家统一、民族团结、社会安全，以及

损害公民身体健康和妨碍国家教育制度的活动的原则；牢记民俗活动场所不受境外组织和个人支配的原则；牢记任何时候都要维护国家统一、民族团结的中华复兴大业的民族使命。

一个国家、一个民族的崛起，必然伴随着文化的繁荣。当前，我们正在习近平同志新时代中国特色社会主义思想的伟大旗帜下，为实现中华民族伟大复兴的中国梦而努力奋斗。实现中国梦，是物质文明和精神文明均衡发展、相互促进的结果，是两个文明比翼双飞的发展过程。没有文明的继承和发展，就没有文化的弘扬与繁荣，就没有中国梦的实现。党的十九大报告强调，坚定文化自信，推动社会主义文化繁荣兴盛，繁荣发展社会主义文艺，推动文化事业和文化产业发展，在实践创造中进行文化创造，在历史进步中实现文化进步，不断增长文化软实力，为建设社会主义强国不断作出更大的贡献。

主要参考文献

1. 张传兴：《福建各地城隍庙兴建历史》，福建都城隍庙管委会编：《闽台城隍文化》，内部资料，2013 年。

2. 连心豪：《闽南著名城隍庙与其历史渊源》，福建都城隍庙管委会编：《闽台城隍文化》，内部资料，2013 年。

3. 沈继生：《城隍信仰融合了儒道释思想》，福建都城隍庙管委会编：《闽台城隍文化》，内部资料，2013 年。

4. 陈国强：《厦门城与厦门城隍》，洪卜仁主编：《闽台神缘话城隍》，厦门：厦门大学出版社，2013 年。

5. 陈名实：《台湾城隍信仰述略》，洪卜仁主编：《闽台神缘话城隍》，厦门：厦门大学出版社，2013 年。

6. 林胜利：《闽台城隍信仰浅述》，洪卜仁主编：《闽台神缘话城隍》，厦门：厦门大学出版社，2013 年。

7. 蔡新民、王忠敏：《海内会的盟结及组成》，厦门市集美区档案局编，王忠敏著：《〈集美寻珍〉(5)：古韵后溪》，南京：河海大学出版社，2016 年。

后　记

霞城城隍庙重建至今，后溪一带的民众、台湾地区及新加坡等地的大量信众，以及本省其他县市的城隍庙管事者与当地信众，以极高的诚心与热情，使这里香火鼎盛、威名广播。集美区文化部门也以对民俗文化的敬畏之心，认真收集霞城城隍庙的有关资料，并经申报，“霞城城隍庙庙会习俗”最终被列入厦门市非物质文化遗产名录。

我们研究这座城隍庙，很重要的一方面，是从厦门地区历史上的城隍庙与今天的城隍庙庙会信俗的角度，去探究这座城隍庙的历史、故事、特点。在中国的城隍信仰历史上，城隍庙基本上出自两种体系：地方行政体系和军事上的城防体系，厦门地区的城隍庙也不例外。历史上厦门地区共有过五座城隍庙，其中出自地方行政体系的两座：建于十六世纪中叶的同安县城隍庙，建于十八世纪七十年代的马巷厅城隍庙；出自军事城防体系的三座：建于十四世纪末的高浦城城隍庙，建于十八世纪三十年代的厦门城城隍庙和本书的主角后溪霞城城隍庙。然而遗憾的是幸存的建筑不多，遗留下来的文物更少。这方面的缺失，不能不说给我们的研究带来了客观困难。不过，作为我们叙述主角的霞城城隍庙，以其荡气回肠的历史和跌宕起伏的故事，彰显出闽台两岸城隍信仰的一脉相承。这些丰富的历史故事，也帮助我们找到了本书的思想内核。

限于资料不足以及我们的水平有限，本书的疏漏与错误实属难免，敬请广大专家学者批评指正。

2019 年 11 月

图书在版编目(CIP)数据

厦门霞城城隍庙庙会信俗 / 高爱民，林高在著. —厦门：鹭江出版社，2020.5（2020.6 重印）
（闽南非物质文化遗产丛书·第二辑）
ISBN 978-7-5459-1691-1

Ⅰ.①厦… Ⅱ.①高…②林… Ⅲ.①庙会—风俗习惯—介绍—厦门 Ⅳ.①K892.1

中国版本图书馆 CIP 数据核字(2020)第 048787 号

闽南非物质文化遗产丛书·第二辑

XIAMEN XIACHENG CHENGHUANGMIAO MIAOHUI XINSU

厦门霞城城隍庙庙会信俗

高爱民　林高在　著

出版发行：鹭江出版社
地　　址：厦门市湖明路 22 号　　**邮政编码：**361004
印　　刷：福建新华印刷有限责任公司
地　　址：福州市福新中路 42 号　　**电　　话：**0591—83661214
开　　本：890mm×1240mm　1/32
插　　页：2
印　　张：4.875
字　　数：118 千字
版　　次：2020 年 5 月第 1 版　　2020 年 6 月第 2 次印刷
书　　号：ISBN 978-7-5459-1691-1
定　　价：40.00 元
